埼玉学園大学研究叢書第16巻

グローバル・ヘルス・ビジネス

世界標準で健康を考える

一戸真子

はじめに

なぜ今グローバル・ヘルス・ビジネスなのか

本書のタイトルである「グローバル・ヘルス・ビジネス」が何故今必要なのかについては，様々な理由が考えられる．「ヘルス」という言葉は昨今では多くの場面で取り上げられるようになったことは誰しもが感じていることであろう．昨今の健康ブームはまさに「ヘルス」の分野に社会全体が注目していることに他ならない．したがって本書においてメインに取り扱う「ヘルス」は現在の日本においては最も注目されている分野ということが言える．

ではなぜ，グローバルで，ビジネスでなければならないのか．ヘルスを広義に捉え，ヘルスケアも含まれるとすると，これまでは社会保障の分野で主に扱ってきた領域であり，したがってビジネスの視点からよりも，政策が主導してきた分野と言える．本文において詳細に論じていくが，現在のわが国の社会保障システムは，世界に誇る国民皆保険制度がすでに一部崩壊してきていると言っても過言ではない．つまり，これまでのように国家が人々の健康を守ってきた時代から変化し，現在は自身で健康を保持・増進する「セルフケア」の時代へと大きく転換している途中である．今後は健全な市場，つまりビジネスによってより健康に貢献する商品が売れる市場において人々を元気にしていかなければならないのである．

また，なぜグローバルでなければならないのか．その理由は明白である．地球のどの国であっても，どのような思想であっても，どのような人種であっても，「生きることに必要なこと」については関心のない国，人は皆無だからである．健康であるからこそ様々な人生の困難に立ち向かえるし，種々のチャレンジができるのである．長い人類の歴史は戦争の繰り返しであり，人間間の対立により，残念ながら殺戮を繰り返してきた．しかし，第二次世界大戦後 70 年以上が経過し，21 世紀を歩みはじめている人類は，いかに健康を保持できるか，どのようにしてヘルスケアの質を保証していくかについて関心が高まってきており，幸福に長生きし，愛する家族や人々とできるだけ長期にわたって生き続けるための社会の構築を目指す必要性が高まってきているのである．昨今の格差社会の拡大する中で，地球上のすべての人々の「ヘルス」を保持・増進するための新たな社会システムの構築が急務となってきたのである．

すなわち，本書が目指すゴールは，地球上の人々が健康になるために構築しなければならない新たなヘルスソーシャルシステムについて必要な要素や諸問題を論じ，その上で，具体的にはどのようなビジネスが創出されなければならないかについても可能な限り提案してみることにある．しかしながら，自身の貧弱な能力ではとても扱いきれないテーマであることは明らかである．本書ではタイトルこそビッグであるが，表層的な部分にしか触れることができていないことを先にお詫びしておきたい．今後，本書に関心を持っていただいた方々が「グローバル・ヘルス・ビジネス」を具体的に展開していっていただける際，少しでもお役に立てれば幸いである．

本書における用語の使用について

ヘルス（Health），ヘルスケア（Health Care），セルフケア（Self-Care）の関係

本書で使用する「ヘルス（Health）」は，最終的なゴールがすべて健康という意味において，健康・保健・医療・福祉・介護の全ての分野を包含した用語として使用することをまずは述べておきたい.

本書でこの広い概念である「ヘルス（Health）」が網羅するすべての分野について議論することはできておらず，一部の分野のみ取り上げ論じていることを御理解いただきたい.

さらに,「ヘルスケア（Health Care）」という用語の使用については,本書においては，医療・介護など，具体的に専門家によるケアを受ける場合に関する分野を取り扱う際に使用することとしたい.

また，患者や医療消費者自らが健康増進や生活習慣病に対して健康行動や病気対処行動などをとる「セルフケア（Self-Care）」については,図のように，ヘルス全体の各分野においても実践されているし，また専門家によるヘルスケア分野においても大変重要となる．したがって両者に交差する概念として本書では取り扱うこととする.

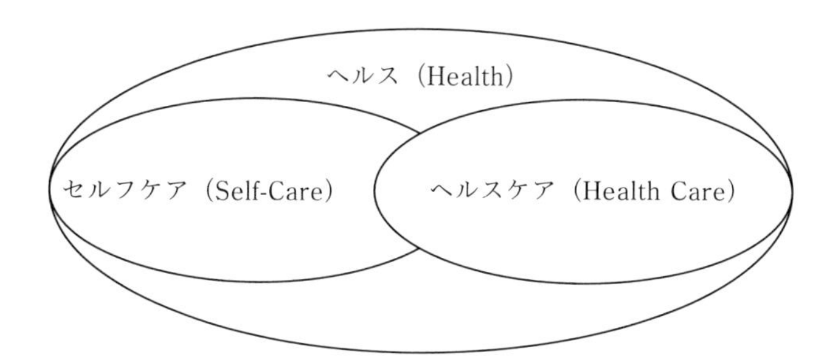

図1　本書で扱う用語の関連図

出典：著者作成.

また本書では，様々なヘルスやヘルスケアとそれに関連する用語が出てくるが，意味をわかりやすくするために英単語ごとに区切りをつけて表現していることをお伝えしておきたい．

目次

I
ヘルスに関連する日本の政策や制度の動向

政府による政策や各制度は，モノやサービスを提供する供給側にも，それらを購入する消費者側にも多大な影響を与える．特にヘルスに関しては，政府，企業，家計の3つの経済主体の関係において，政府による様々な施策が企業，家計の双方に大きな影響を与えることが多い分野と言える．

これまでは医療や福祉，介護などの分野においては，わが国においては，病院に行けば何とかなる，施設に入所すればすべてお任せで安心であるといった認識が人々の間では一般的であったことと思われる．また病院経営等においても，医師などの医療従事者達も，診療報酬制度という標準化された国に保証された公定価格によって，医療材料にどこの何製品を使おうが，どの国のいくらの医療機器を購入しようが，どの種類の薬剤を使用するかといったことについては，心配する必要性がやや希薄であったと言える．つまり，繰り返しになるが，患者はもちろん，わが国が世界に誇ってきた国民皆医療保険制度によって，費用に関する心配をせずに永らく受診できてきた．したがって，医療サービスに関する医療消費者であるという緊張感もなく，ヘルスケア市場に対し，目を光らせるといった感覚もなく，医療はほぼ無条件でノーチェックの市場だったのである.

しかしながら，昨今の医薬品や医療機器などの高度化や高額化，市場の競争の激化，また高齢者の増加などに伴う医療や介護サービスニーズの増大に伴う医療費の高騰など，様々な要因が重なり，十分な医療サービスや介護サービスを受けられない患者も出てきた．また，病院や施設も質を保ちながら効率を意識しなければ閉院に追い込まれるケースも出現してきており，収入と支出のバランスを十分に考えた経営をしていかなければならなくなったのである.

一方で，私達を取り巻く周りの環境においては，21 世紀に入り様々な変化が起きている．いよいよ種々のテクノロジーの恩恵を受けて，地球規模でモノやヒトが自由に行きかう本格的なグローバル社会に突入してきた．医療や介護などのヘルスケアの分野だけではなく，食や日常の健康的なライフスタイルなど，ヘルスの分野においても様々な変化が起きているのである．これまで以上に政府は，この転換期に積極的な政策や制度改正などを行ってきている．これらの政府による様々な取組を十分に理解した上で，今後のヘルス・ビジネスを考えなければならないと思われる.

内閣府をはじめとし，これまでにないくらい各省庁において多くの検討会や研究会，政策発表を行ってきており，本書のテーマであるヘルスに関連するものも多岐に渡ってきている．すべてについて取り上げることはできないが，広く捉え，今後ヘルス分野により関係してくると思われる各政策や制度改正について，以下分析を加えたい.

1. 第 4 次産業革命により変わる社会

ホテルのフロントではロボットが出迎えるなど，近年の目覚ましいテクノロジーの進歩により，未来型の生活が現実味を帯びてきている.

2017年1月に示された内閣府政策統括官による「日本経済2016-2017：好循環の拡大にむけた展望」には，新たな産業変化への対応として第4次産業革命が取り上げられている[1)]．内閣府の定義によると，「第4次産業革命とは，18世紀末以降の水力や蒸気機関による工場の機械化である第1次産業革命，20世紀初頭の分業に基づく電力を用いた大量生産である第2次産業革命，1970年代初頭からの電子工学や情報技術を用いた一層のオートメーション化を含む情報通信技術革命である第3次産業革命に続く，次のようないくつかの技術革新を指す」としている．

1つ目は，IoT（Internet of Things）すなわちモノのインターネット化およびビッグデータであるとしている．工場の機械の稼働状況から，交通，気象，個人の健康状況まで様々な情報がデータ化され，それらをネットワークでつなげてまとめ，これを解析・利用することで，新たな付加価値が生まれている状況が含まれる．2つ目は，AI（Artificial Intelligence）すなわち人工知能やロボットとしており，人間がコンピュータに対してあらかじめ分析上注目すべき要素をすべて与えなくとも，コンピュータ自らが学習し，一定の判断を行うことが可能となっていること，加えて従来のロボット技術も，さらに複雑な作業が可能となっている他，3Dプリンタの発展等も含まれる．

こうした技術革新により，①大量生産・画一的サービス提供から個々にカスタマイズされた生産・サービスの提供，②既に存在している資源・資産の効率的な活用，③AIやロボットによる，従来人間によって行われていた労働の補助・代替などが可能となることが予測されている．また，企業などの生産者側からみれば，これまでの財・サービスの生産・提供の在り方が大きく変化し，生産の効率性が飛躍的に向上する可能性があるほか，消費者側からみれば，既存の財・サービスを今までよりも低価格で好きな時に適量購入できるだけでなく，潜在的に欲していた新しいサービスも享受できることが期待されるとしている．

さらに，第 4 次産業革命による経済効果は今後甚大となると予測されており，IoT が付加する領域別経済価値についてグローバルベースで 2013〜2022 年を展望すると，行政を含む公的サービスにおいて最も変化が見られるとしており，次いでものづくり革新，流通・小売・物流，金融そして医療や健康分野においても大きく変化すると見込まれている．

また，経済産業省産業構造審議会新産業構造部会より 2017 年 5 月に「新産業構造ビジョン」が提示された[2]．同ビジョンでは，今社会では何が起きており，2030 年に向けてどのような社会を目指すべきかが示されている．現在第 4 次産業革命が進行中であり，私たちの生活を取り巻く様々な環境が変化していくとしており，潜在需要を開花させる新たな製品・サービスの創出や生産性革命など第 4 次産業革命技術の社会実装が重要であるとしている．

今後は人工知能や IoT，ロボットなどの共通基盤技術と産業コア技術とデータのかけ合わせにより，すべての分野で，革新的な製品・サービスが創出可能であるとしており，特にヘルスに関する分野においても影響を与えるとしている．具体的には，バイオインフォマティクス（bioinformatics：生命情報科学）やゲノム編集技術に生物データを使用することで，新規創薬や機能性食品等に革新的な製品やサービスが生み出される，あるいは，医薬品開発技術や介護に係る技術において，健康医療データや介護データを使用することにより，個別化医薬品や自立に向けた介護ケアプランなどが可能となることが期待されている．

また，第 4 次産業革命技術の社会実装が進むにつれて，業種の壁が限りなく低くなり，その結果，同業同士の再編に加え，全く別の産業も飲み込み新たなサービスプラットフォームを創出する再編が拡大する可能性が高まり，第4次産業革命技術による新たな産業構造転換が図られるとしている．第4次産業革命による今後の就業構造転換の姿のイメージとしては，AIやロボット等を使って共に働く仕事とAIやロボット等と住み分けた仕事に分かれ，それぞれが新たな雇用ニーズに対応すると同時に，AIやロボット等を創り，新たなビジネスのトレンドを創出する仕事も活性化することにより，グローバル市場を獲得し，質・量ともに十分な仕事が確保されるとしている．

こうした第4次産業革命の進展は，生産，販売，消費といった経済活動に加え，健康，医療，公共サービス等の幅広い分野や，人々の働き方，ライフスタイルにも影響を与えると考えられるとしている．また，消費者を取り巻く環境については，個人のニーズに合った財やサービスを必要な時に必要なだけ消費することが可能になるとしている．さらに，社会全体でみると，高齢者にとっても第4次産業革命の恩恵は相対的に大きいとされており，具体的には，ウェアラブル（wearable：装着可能な）による健康管理，見守りサービスによる安心の提供，自動運転による配車サービスなど公共交通以外の移動手段の普及等により，高齢者も活き活きと生活できる環境の整備が進むものと期待されている．

IoTやビッグデータ，AIやロボットなどがコアとなった技術革新による第4次産業革命は，今後，経済活動，働き方，ライフスタイル等幅広い分野に影響することは間違いと思われるが，一言でまとめると，「オーダーメード・ライフスタイル」と「自立支援社会」の実現と言えるのではないだろうか．

医療の分野においても，21世紀は平均をベースとした従来のレディメード（集団的）医療から個体差を重視したオーダーメード／テーラーメード（個別的）医療への発展が期待されている．日常の生活においても同様の変化の兆しが見られていると言える．インターネット等の普及により，1日24時間をどのように活用するか，10人10通りのタイムスケジュールが可能となってきており，個々人に見合ったワーク・ライフ・バランスの取り方が求められてきている．

また，生活習慣病が死因の上位を占めるなど，疾病構造の変化によって今後はより患者のセルフケア能力が求められてきており，さらに，予防の視点が重視され，自立した生活を送ることができる期間である健康寿命の延伸が求められてきている．第4次産業革命は，こうした健康や医療における諸課題への貢献も期待できると言える．

今後は，「オーダーメード・ライフスタイル」と「自立支援社会」を実現可能とすべく新たなビジネスモデルの構築により，新しい，そして21世紀に相応しい，より進化した社会に変化していくことと思われる．

2. AI（人工知能）

まず，現在最も注目を浴びている分野であるAI（Artificial Intelligent：人工知能）は，最先端の分野であり，今後はヘルスケア分野においても，介護用ロボットや，高齢者の見守り，医師の鑑別診断や病院内の総合受付や翻訳業務等，様々な役割への貢献が期待されている．AIを活用したビジネスは，国内市場においては，2015年は3.7兆円であるが，2030年には23倍の86.9兆円にも上ると見込まれている[3)]．運輸や小売が牽引し，清掃，警備のロボット，遺伝子解析，新薬開発，建設の自動化等においてAIが次々と導入されていくと予測されており，運輸，卸・小売，製造，その他様々な分野での発展が期待されている．清掃や警備のロボット，遺伝子解析，新薬開発のどれをとってもヘルスケアの分野に関連しており，今後ヘルスケアの分野における

AI の参入がより一層進むことは間違いないと思われる．

ではAI 業界の大手はどのような企業であろうか．私達の生活においてはすでに馴染みのある会社ばかりであるが，グーグルやアップル，フェイスブックやアマゾン，マイクロソフトやIBM などがAI の特許出願の大部分を占めている．これらの企業はすべてアメリカ企業である．残念ながら日本企業はAI とIT に関しては先進的とは言えない状況であり，今後に期待したい．わが国でも，日立製作所やNEC，富士通などが共同で和製AI を開発しており，さらに，自動車，金融，証券，警備，小売り，通信，物流，建設各業界においてもそれぞれAI を導入した取り組みが加速してきている．また，日本の製造業でもロボット開発が盛んに行われている．ヘルスケア業界においては，大塚製薬がIBM と共同で医師に治療の参考情報を提供するシステムを開発，塩野義製薬では，AI 技術を活用して臨床試験の解析業務のオートメーション化を進めたりしている．

人工知能学会によると，AI の研究には，人間の知能そのものをもつ機械を作ろうとする立場と，人間が知能を使ってすることを機械にさせようとする2つのアプローチに分類されるとしている[4)]．歴史をたどってみると，AI という概念自体は，1947 年のロンドン数学学会においてアラン・チューリングによって提唱されていたようであるが，AI という言葉は，1956 年のダートマス会議（The Dartmouth Summer Research Project on Artificial Intelligence）において，ジョン・マッカーシーらによって使用されたのが始まりと言われている．その後，世界中で様々な研究が活発に行われ，1980 年代からは人工知能の産業化が始まった．1986 年，日本人工知能学会が設立され，わが国においても研究が活発化していく．1999 年には，ロボットペットが発売されるようになり，AI の未来図としては，人間と同等の知的活動が可能なAI が完成するとされている．

AIは，次第に日常生活に浸透してきており，既に様々な商品・サービスに組み込まれ，利活用され始めている．インターネットの検索エンジンやスマートフォンの音声応答アプリケーションであるアメリカApple社の「Siri」や，ソフトバンクロボティクスの「Pepper（ペッパー）」などはご存知の方も多いと思われる．Pepperは，人の感情を検知するAIを搭載しており，接客などの業務において導入されている．Facebookは，2013年に人工知能研究所を設立，利用者の問いかけに対して適切な助言を提供するパーソナルデジタルアシスタント「M」を開発している．また，トヨタ自動車はアメリカに研究機関Toyota Research Instituteを設立，スタンフォード大学とマサチューセッツ工科大学とも連携したAI研究に今後5年間で約10億ドルを投資するとしており，ますます各国で研究が盛んになってきた．

AIが実際のサービスにおいて果たす機能としては，「識別（音声認識，画像認識，動画認識，言語解析等）」，「予測（数値予測，マッチング，意図予測，ニーズ予測等）」，「実行（表現生成，デザイン，行動最適化，作業の自動化等）」，の3種類の機能があるとされており，あらゆる産業分野に応用が可能になるとされている．AIの活用が，現在わが国が抱えている様々な課題に役立つ分野として，労働力不足や過酷労働が挙げられており，その中には「介護」の問題も含まれている．近年では，老老介護などが原因の介護殺人や介護自殺など大変痛ましい事件が発生しており，事態は深刻化してきている．また介護施設における介護職員の疲労やストレスの増大，入所者への虐待等が大きな課題となっている．

具体的な介護ロボットの機能としては，日常生活支援における，移乗介護（装着型，非装着型），移動支援（屋内型，屋外型），見守り支援（介護施設型，在宅介護型），排泄支援，入浴支援などがある．また，介護ロボットの領域としては，①介護支援型，②自立支援型，③コミュニケーション・セキュリティ型に分類できる[5)]．利用のハードルとなるコストの問題に対し，介護ロボットの保険適応が開始されてきている．一例をあげると，患者の歩行機能を改善するためのロボット治療機器としての，歩行リハビリ訓練用ロボットスーツ「HAL 医療用下肢タイプ」の保険適応が始まっている．また，今後期待されているのは，動物型のロボットなど，コミュニケーションやレクリエーションを目的とする癒し系のロボットであり，一人暮らし高齢者や認知症患者への効果が期待されている．

2025 年には現在の約 2 倍の 250 万人の介護従事者が必要とされ，介護現場はますます厳しい環境が迫られてくる中で，介護ロボットへの期待は高まってきている．また，同時に介護ロボット市場は今後大幅に拡大することが予測されており，経済の活性化にも貢献するであろう．

3. ロボット新戦略と医療・介護の関係

AI と密接に関わっているロボットに関し，日本政府は，「日本再興戦略」改訂 2014 で掲げられた「ロボットによる新たな産業革命」の実現に向けて，ロボット革命実現会議を開催し，2014 年 9 月から 6 回にわたり行われた会議の結果，「ロボット新戦略」を策定した[6)]．新戦略では，産業用ロボットの年間出荷額，国内稼働台数ともに世界一である日本の現状は，「ロボット大国」と言えるとした上で，さらにロボットの徹底活用により，データ駆動型の時代も世界をリードしていくことが今後の日本にとって重要であると位置づけている．ロボット革命とは，ロボットが劇的に変化し（自律化，情報端末化，ネットワーク化），自動車，家電，携帯電話や住居までもがロボット化することを意味する．また，製造現場から日常生活まで，様々な場面でロボットを活用し，社会課題の解決や国際競争力の強化を通じて，ロボットが新たな付加価値を生み出す社会を実現することを目指している．新戦略では，革命実現のための三本柱として，①世界のロボットイノベーション拠点に，②世界一のロボット利活用社会に，③ IoT 時代のロボットで世界をリードすることとしている．特に②の世界一のロボット利活用社会の実現の対象には，中小企業，農業，介護・医療，インフラ等が含まれており，本書のテーマであるヘルス・ビジネスが含まれている．今後は，ロボット革命イニシアティブ協議会を中心に随時課題を整理していくとしており，2020 年には「ロボットオリンピック（仮称）」も開催しながら，ロボットバリアフリー社会を構築することとしている．

介護・医療関係においては，新医療機器の承認審査迅速化を進めることとしており，患者の負担軽減等が期待される手術支援ロボット等，ロボット技術を活用した新医療機器の取扱いについては，承認審査の迅速化を図り，標準的な総審査期間（優先審査品目では 10 か月）に処理できる割合を 2018 年度には 8 割に引き上げる予定となっている．また，介護関係諸制度の見直しも含まれている．具体的なアクションプランとしては，医療においては，ロボット技術を活用した医療関連機器の実用化支援を 2015 年～2019 年の 5 年間で 100 以上を目指している．また介護においては，高齢化率の上昇に伴う必要な介護職員の増加に対応する必要がある中，7 割の現場の介護職員が腰痛などに悩まされている実状を回避するため，①ベッドからの移し替え支援，②歩行支援，③排泄支援，④認知症の方の見守り，⑤入浴支援の 5 分野について，開発・実用化・普及を後押ししていくこととしている．移乗介護等に介護ロボットを用いることで，介護者が腰痛を引き起こすハイリスク機会をゼロにすることを目指し，最新のロボット技術を活用した新しい介護方法などの意識改革を行うこととしている．さらに，すでに介護ロボットの国内市場規模は約20億円とも言われる中，2020年には150億円に拡大することが予測されており，今後ヘルスを取り巻く業界においては，様々な形で導入されることが見込まれている．

政府においては，日本経済再生本部の下，第4次産業革命をはじめとする将来の成長に資する分野における大胆な投資を官民連携して進め，「未来への投資」の拡大に向けた成長戦略と構造改革の加速化を図るため，産業競争力会議および未来投資に向けた官民対話を発展的に統合した成長戦略の司令塔として，「未来投資会議」が設置されている．議長は内閣総理大臣であり，その他，副総理，経済再生担当大臣や各省庁の大臣，官民の専門家がメンバーとなっており，2016年9月より2017年9月までに合計11回開催されている．その中で介護ロボットを含む医療や介護についても議論されている[7)]．自立支援・重度化防止に向けては，ビッグデータ（big data：大量のデジタルデータ）を活用し，科学的に自立支援等の効果が裏付けられた介護を実現するため，科学的分析に必要なデータを新たに収集し，世界に例のないデータベースをゼロから構築し，データベースを分析し，科学的に効果が裏付けられた自立支援等のサービスを国民に提示する「科学的介護の実現」を目指すこととしている．

介護ロボットに関しては，「受け身」から「攻め」の開発へ転換し，利用者の生活の質の維持・向上と介護者の負担軽減を実現することとしている．具体的には，すでに見守りや移乗支援等のための約50種類のロボットが約5000事業所に導入済みであることから，2018年の介護報酬改定等での評価を検討し，導入経費の支援等を行っていくこととしている．

ヘルスケアの領域においては，今後様々な種類のロボットが活躍する時代がすぐそこまで来ていることが確認できる．

4. 農林漁業の6次産業化

医食同源と言われるように，私達人間をはじめとする多くの生きものは，毎日の栄養を体内に取り込まなければ生き続けることができない．病気の際には薬が重要となるが，健康時には毎日食べる食料が健康に作用すると言っても過言ではない．それも一生涯続き，日本人だけでなく，世界中の人間の胃袋を満たし続けなければならない．様々な新たな産業が生み出されてきているが，最終的に人間が生きていく為には，携帯電話がある，パーソナルコンピュータがあるだけでは生き延びることができない．つまり，食料がなければ生き続けられないことを考えると，農業や漁業等がいかに大切で重要かは容易に理解できる．

現在，農林漁業の6次産業化が進められている．農林漁業の6次産業化とは，「1次産業としての農林漁業と，2次産業としての製造業，3次産業としての小売業等の事業との総合的かつ一体的な推進を図り，地域資源を活用した新たな付加価値を生み出すこと」を意味する[8)]．つまり，1次（生産）×2次（加工）×3次（販売）＝6次産業化　という仕組みを構築しようとするものである．2010年12月「地域資源を活用した農林漁業者等による新事業の創出等及び地域の農林水産物の利用促進に関する法律」が公布され，6次産業化関係は翌年3月から施行されている．

6次産業化をめぐる情勢としては，生産，加工，販売それぞれの段階において問題を抱えているとしている[9)]．生産段階においては，生産基盤が確立されていない事業者は，6次産業化の取組を開始しても，「加工原料が安定確保できない→商品が安定供給できない→販路拡大ができない」というバリューチェーンの負の連鎖に陥るおそれがあるため，加工過程性の高い品種の導入や新しい栽培技術の習得など生産基盤を確立することが必要であることが，問題点として挙げられている．また，加工段階においては，食品加工における技術的課題が解決していないうちに加工施設を本格整備すると，設備の稼働率低下，商品供給の停滞を招き，先行費用の負担増加により収益が大きく圧迫される．このため，加工施設の整備に着手する前に，専門家等の助言も仰ぎながら試作を繰り返して問題点を明らかにするなど新商品開発段階での検討を十分に行うことが必要であるとしている．さらに販売段階においては，市場調査等による需要の把握が不十分なまま，主観的，楽観的な販売計画に基づいて事業をスタートすると，実際の取引が実現せず販売で苦戦し，現金収入が不足することで経営への悪影響が大きい．このため，事前の試験販売等により，自社商品の強み，ターゲット顧客の絞り込み，販売見込みの検討等を行った上で，消費者に明確に商品の価値を伝えていくことが必要であるとしている．

農林水産業の現状としては，農業所得（生産農業所得）は，1990年の4.8兆円から，2014年には2.8兆円に減少しており，基幹的農業従事者は年々減少する中，平均年齢は2015年には67.0歳となっており，昭和一桁世代が多い現状となっている[10]．このことはわが国の農業自給の危機とも言えるのではないだろうか．すでに述べているように，どんなに最新の家電製品や電子機器があったとしても，毎日食べる食べ物が自国で十分に確保できないことは大変なリスクと言える．特に，昨今の各国の自国を守る姿勢の強化からすると，いつ何時，世界中から様々な食料品がわが国に届くルートが途絶えてしまうかも知れない危機がすぐそこまできていると言える．

具体的なわが国の自給率は長期的にみると低下傾向で推移しており，2014年度にはカロリーベースで39%，生産額ベースでも64%となっている．さらに，荒廃農地面積は，2014年時点で27.6万ha，このうち，再生利用可能なものが 13.2 万 ha，再生利用困難なものが 14.4 万 ha という現状となっており深刻である[11]．

農林漁業の 6 次産業化の意義は，具体的には，一次産業としての農林漁業と，二次産業としての製造業，三次産業としての小売業等の事業との総合的かつ一体的な推進を図り，地域資源を活用した新たな付加価値を生み出す取り組みにある．本法律の基本理念には，①生産者と消費者との結びつきの強化，②地域の農林漁業および関連事業の振興による地域の活性化，③消費者の豊かな食生活の実現，④食育との一体的な推進，⑤都市と農山漁村の共生・対流との一体的な推進，⑥食料自給率の向上への寄与，⑦環境への負荷の低減への寄与，⑧社会的気運の醸成および地域における主体的な取組を促進することが含まれている．

農林漁業の 6 次産業化の市場規模・従事者数（2013 年度）は，加工・直売の売上 1.9 兆円（農業約 1.7 兆円，漁業関連約 0.2 兆円），従事者数は 41.4 万人（農業関連約 39.1 万人，漁業関連約 2.3 万人）となっている．認定された総合化事業計画数は，2100 件を超えた（2016 年 3 月現在）．総合化事業とは，①自らの生産に係る農林水産物等をその不可欠な原材料として用いて行う新商品開発，生産又は需要の開拓，②自らの生産に係る農林水産物等について行う新たな販売方式の導入又は販売の方式の改善，③①，②を行うために必要な生産の方式の改善のいずれかに該当するものとされている．

具体的な対象農林水産物の割合は，野菜 31.8%，果樹 18.4%，米 11.7%，畜産物 11.6%，水産物 5.7%，豆類 4.9%，林産物 4.2%，麦類 2.2%，茶 2.1%，そば 1.7%，花き 1.4%，野生鳥獣 0.3%，その他 4.0% となっており，野菜が最も多くを占めている．また，総合化事業計画の事業内容の割合の内訳は，加工 20.0%，直売 2.6%，輸出 0.3%，レストラン 0.2%，加工・直売 68.7%，加工・直売・レストラン 6.6%，加工・直売・輸出1.6%となっており，加工・直売が半数以上を占めている．さらに，総合化事業計画の認定件数の多い都道府県は，北海道121件，兵庫県100件，長野県92件，宮崎県83件，熊本県77件の順となっている[12]．

6次産業化の取組を関係機関が連携して推進できるようにするため，各都道府県に，都道府県サポート機関，財務局，運輸局，農林漁業団体，農業法人協会，商工関係団体，普及組織等を構成員とする「6次産業化・地産地消推進協議会」を設置し，都道府県の6次産業化等に関する戦略を策定し，関係機関が連携して推進する，また市町村にも同様の推進協議会を設置し，市町村の6次産業化等に関する戦略（市町村戦略）を策定し，地域ぐるみの6次産業化の取組を推進することとしている．さらに，6次産業化サポート事業として，「6次産業化中央サポートセンター」から6次産業化プランナーを個別に派遣する，農林漁業者等と流通業者等との商談会の開催，食材開拓フェアの開催，地場産食材を活用した栄養改善の取組等が推し進められることになっている．

地域において，人間の毎日の生命の維持には欠かせない「食」に関する産業がより効率的かつ創造的な展開を見せることにより，地域が活性化し，人々が豊かに暮らせるよう推進されることを期待したい．

5. 農林水産業の輸出力強化戦略

食に関しての政府による積極的なグローバル化としては，農林水産業の輸出力強化戦略が現在進行中であることがあげられる．2016年2月より農林水産業・地域の活力創造本部の下に設置された農林水産業の輸出力強化ワーキンググループにて，農林水産業の輸出力強化に関する検討が進められ，2016年5月に農林水産業・地域活力創造本部にて，「農林水産業の輸出力強化戦略」が取りまとめられている[13)]．「農林水産業の輸出力強化戦略」の基本的な考え方は，国内の食市場が縮小する中で，アジアを中心に世界の食市場は拡大してきており，わが国のおいしくて安全な農林水産物や食品は高い評価と得ているとした上で，輸出は農林水産物・食品の販路拡大につながる重要な手段であり，高い技術力により，四季がある日本で旬の農林水産物や多様な食品を提供できるということはわが国の農林水産業・食品産業の強みであるとしている．具体的には，グローバルな視点で見ると，アジアを中心とした新興国では経済成長，人口増加が進んでおり，世界全体の食市場は 2009 年の 340 兆円から 2020 年には 680 兆円まで倍増すると推計される中，農林水産物・食品の輸出額が着実に伸びており，2013 年から 3 年連続で過去最高額を更新し，2015 年の輸出実績は 7451 億円と，2016 年に 7000 億円という中間目標を 1 年前倒しで達成したことからも今後も期待できると分析している．本戦略強化により，2020 年には輸出額 1 兆円目標の前倒しも可能であるとしている[14)]．

これまでの食に関連する動きとしては，2013 年 10 月には「和食」がユネスコ無形文化遺産に登録され，日本食，日本食文化に対する世界の関心が高まった．また，同年には農林水産省から，「FBI 戦略——世界の料理界で日本食材の活用，日本の「食文化・食産業」の海外展開，日本の農林水産物・食品の輸出（F：Made FROM Japan，B：Made BY Japan，I：Made IN Japan）が打ち出された[15)]．2015 年に開催された「食」をテーマとする初の万博であるミラノ万博においても日本館は高い評価を受け，一層，日本食，日本食文化に対する周知度が世界的に高まった．同時に，海外からの訪日客（インバウンド）の増加が加速し，日本の農林水産物・食品を世界に売り込む大きなチャンスとなってきたのである．

農林水産業の輸出力強化に向けた具体的な戦略としては，民間の意

表Ⅰ-1　国・地域別の農林水産物・食品の輸出拡大戦略――21の国と地域

香港	インドネシア	アフリカ（エジプト等）
台湾	タイ	アメリカ
韓国	ベトナム	カナダ
中国	ミャンマー	中南米（ブラジル等）
シンガポール	フィリピン	太平洋（オーストラリア等）
マレーシア	インド	EU（ドイツ，イギリス，フランス，イタリア等）
ブルネイ	中東（UAE等）	ロシア

出典：農林水産省『国・地域別の農林水産物・食品の輸出拡大戦略』より．

欲的な取組への支援を強化することとしており，①市場を知る，市場を耕す（ニーズの把握・需要の掘り起し），②農林漁業者や食品事業者を，海外につなぐ（販路開拓，供給面の対応），③生産物を海外に運ぶ，海外で売る（物流），④輸出の手間を省く，障壁を下げる（輸出環境の整備），戦略を確実に実行する（推進体制）などの各方面からの積極的な支援を，行政が行っていくこととしている．また，表Ⅰ-1のように今後積極的に展開を図っていくべく21の国や地域を特定しており，地球上には約200か国近くあることを考えると，約1割の国や地域にターゲットを絞っての戦略が展開されることとなる．

さらに，アジア地域のそれぞれの国・地域の立ち位置を，「市場へのアクセス」，と「日本食材・ブランドの浸透度」の観点から整理し，以下の4つの市場（①定着市場，②有望市場，③制約市場，④開拓市場）に分類可能としており，それぞれの状況に応じ，輸出拡大に向けた取組を進めていくことが重要であるとしている．

① 定着市場：輸入の制約は比較的小さく，日本食材の浸透度が高い国・地域（香港，シンガポール，台湾等）

② 有望市場：日本食材は比較的浸透しており，今後の伸びが期待

される国・地域（タイ，マレーシア，ベトナム等）

③　制約市場：日本食材の認知度は高いが，輸入に関する制約が大きい国・地域（中国，インドネシア，韓国等）

④　開拓市場：現段階では所得や規制などの制約が大きいが，将来的な可能性がある国・地域（インド，ミャンマー，ブルネイ等）

「①定着市場」においては，農林漁業者，食品事業者における自主的な輸出の取り組みを促し，市場の拡大・深掘を進めて行くこととし，輸出品目やジャンルとしては，健康食品や中食等の拡大や日系小売・外食以外への販路の拡大，輸出ロボットの拡大や物流の効率化等による価格競争力の強化を図ることとしている．

「②有望市場」においては，経済発展に伴う所得の向上が期待されるため，販路拡大やプロモーションなどの取組を集中的に進めていくこととしている．具体的には，所得の高い主要都市を中心とする販路拡大等の取組や，所得に見合った価格を提示するための価格競争力の強化，主要都市以外などでの日本食材の照会・認知度の向上を図ることとしている．

「③制約市場」においては，輸入規制の撤廃等に政府全体が全力で取り組み，輸出可能な品目を増やすとともに，販路拡大等の取組も進めていくとし，輸入規制の緩和・撤廃，輸入手続きの迅速化への働きかけの強化，訪日旅行客を通じた日本食材の PR，輸出可能な品目について販路拡大や価格競争力の強化と行うこととしている．

「④開拓市場」においては，総合的な日本のプレゼンスの向上を目指し，在外公館などを通じた日本文化・日本食材の紹介や，食品以外も含めた日本企業の進出支援など，将来の日本食材の輸出につなげていくこととしている.

なお，アジア以外の地域については，日本からの距離が遠く，物理的に輸出できる品目が限られ，輸送コストも高くなってしまうこと，日本食・日本食材に関する認知度が低く，日本食材の流通網も限られてしまう，などの理由から輸出量・販売量が限られ，現地での販売価格も相当高くなってしまうため，それぞれの国・地域の所得の状況や日本食材の浸透度等を踏まえて，輸出拡大に向けた取組を進めていくこととしている．アメリカは定着市場と捉えているが，欧州やカナダなどについては，外食を中心に高品質の日本食材の販路拡大を進めるとともに，消費者向けにも日本食・日本食材の紹介を進めていくこととしており，販路開拓にあたっての品目やターゲット層などの明確化や小売・外食の業者向けの販売促進と併せて消費者向けのプロモーションの実施などを行っていくこととしている.

以上のように，市場ごとの輸出拡大に向けた取組は，これまでの各国との関係性や実績なども踏まえ，各々のアプローチにより進めていけるよう支援する体制が整いつつあると言える．政府による支援体制も強化され，今後はいよいよ食に関する本格的グローバル化が加速してくることが予測される.

6. 生物多様性

「生物多様性（Biodiversity）」という言葉は，最近様々なところで聞かれることが多くなってきたことと思われる．生物多様性とは，生きものたちの豊かな個性とつながりのことであると定義される[16)]．今日では，地球上は人間中心の社会となったが，どんな優れた経済システムが発展しても，人間が生きていくために必要な空気も水も食べ物も，すべて人間のみでは完結せず，自然そして究極的には宇宙に生かされているということを今一度考えてみる必要があると思われる．

40億年という長い歴史の中で，様々な環境に適応して進化し，3000万種ともいわれる多様な生きものがこれまで誕生してきたが，これらの生命は1つひとつに個性があり，すべて直接に，間接的に支えあって生きていることを意味する．また，生物多様性は，生態系のバランスを維持する上で重要であるばかりでなく，私たち人間の生活にも多くの恩恵をもたらしてくれている．

私たちの呼吸に必要な酸素は，数十億年の間に微細な藻類や植物の光合成により生みだされてきたものであり，雲の生成や雨による水の循環，それに伴う気温・湿度の調節も，森林・湿原に水を蓄える働きなどが関係している．豊かな土壌は，動物の死骸や植物が分解されて形成され，窒素・リンなどの栄養分が森から河川，そして海までつながり，豊かな生態系を育んでいる．生物多様性は，地球上のすべての生命の根源となっており，まさに生命の存立基盤と言える．しかしながら近年，人間活動による生物の生息地の破壊や乱獲などの影響もあり，地球上の生物多様性が，急速に失われつつある．

そこで生物多様性の保全とその持続可能な利用に世界全体で取り組むことを目的として，1992年に193か国とEUが参加し，国連環境開発会議（UNCED）で署名され，翌1993年に「生物の多様性に関する条約（生物多様性条約（Convention on Biological Diversity（CBD））」が発効，わが国も加盟国の一員となった[17]．事務局はカナダ・モントリオールにおかれている．本条約の目的は，①生物の多様性の保全，②生物の多様性の構成要素の持続可能な利用，③遺伝資源の利用から生ずる利益の公正で衡平な配分であり，生態系の多様性・種の多様性・遺伝子の多様性という3つのレベルで多様性があるとしている．

わが国では，本条約の目的を実現するために，1995年に「生物多様性国家戦略」を決定，その後，2010年12月には国連総会において，

2010年～2020年を「国連生物多様性の10年（United Nations Decade on Biodiversity（UNDB））」とした．また，生物多様性条約第10回締約国会議（2010年10月愛知県名古屋市）で採択された，新たな世界目標「愛知目標」の達成に貢献するため，国内のあらゆるセクターの参画と連携を促し，生物多様性の保全と持続可能な利用に関する取組を推進することを目的に，「国連生物多様性の10年日本委員会」が発足，また先の戦略も数度の改訂を経て，2012年に「生物多様性国家戦略2012-2020」が決定された[18]．

「愛知目標」では，2050年までの長期目標「自然と共生する世界の実現」と，2020年までの短期目標「生物多様性の損失を止めるために，効果的かつ緊急な行動の実施」が掲げられている．「国連生物多様性の10年日本委員会（UNDB-J）」では，国民一人ひとりが生物多様性との関わりを自分の生活の中でとらえることができるよう，「MY行動宣言5つのアクション」（たべよう，ふれよう，つたえよう，まもろう，えらぼう）を広く呼びかけている．具体的には，Act 1：たべよう（地元でとれたものを食べ，旬のものを味わう），Act 2：ふれよう（自然の中へ出かけ，動物園，水族館や植物園などを訪ね，自然や生きものにふれる），Act 3：つたえよう（自然の素晴らしさや季節の移ろいを感じて，写真や絵，文章などで伝える），Act 4：まもろう（生きものや自然，人や文化との「つながり」を守るため，地域や全国の活動に参加する），Act 5：えらぼう（エコラベルなどが付いた環境に優しい商品を選んで買う）などとなっている．

子供から高齢者まであらゆる世代のあらゆる分野に携わる多くの人々が，生物多様性の重要性を理解し，様々な活動を行うことが，この美しく，素晴らしい地球を守ることに繋がっていく．生物多様性が保たれてこそ，私たち人類は進化を遂げていくことができるのである．

II
ヘルスケア・ビジネス分析

医療機器業界を中心に

1. 医療機器メーカーの顧客は医師をはじめとする医療機関

近年は,「セルフ・メディケーション（Self-medication)」の時代とされ，次第に患者や医療消費者自身が自らの健康に留意し，市販薬の購入も含め，様々な健康行動や病気対処行動をとることが求められてきている．賢い医療消費者は薬に関する情報をインターネット等から入手し，勉強したりしている．また，ヘルスケアを突き詰めてみると，医師や看護師などによる直接的な人的サービスが最も重要であることは間違いないが,「医薬品」と「医療機器」なしでは成立しないくらい,「医薬品」と「医療機器」は，昨今の根拠に基づく医療（EBM＝Evidence-Based Medicine）においては，より重要となってきている．「医薬品」については，患者や医療消費者にとっては，直接的に処方されたり，ドラックストアで購入したりと，大変身近であり，自らの病気の治療や検査に使用されている薬についての関心は高い．

しかしながら，医療機器についてはどうであろうか．患者とその家族は，どの病院にどの国製のどのような医療機器があり，医療機器の種類によってどのような目的や役割があるのか，また危険性はないのかなどについてはほとんどといっていいほど無関心，知識がないのではないだろうか．また，自らの病気については関心があり，CT やMRI などの検査が必要になったといったことは，医師から医療機器の使用の目的や必要性などについて説明があり，納得している．しかし，どの病院にどのような医療機器があるか，また各々の医療機器の特徴や性能については，全くといっていいほど情報もなく，また医師を中心とする医療機関にお任せである．医療機器の特徴としては，多くの医療機器の使用料を会計時に支払っているのは患者であるにも関わらず，全くといいていいほど，医療機器に関する知識や情報がないということである．さらに，最初に医療機器を購入するのは病院であり，医療機器メーカーにとっては，医療機器の購入者は病院側の医師が中心であり，すなわち直接的な顧客は患者ではなく，医師を中心とする医療従事者ということである．当然，医療機器の目的は，医師の確定診断や医師の技術をサポートすることであり，また医師による治療に根拠を与える存在ということからすると，患者はあまり関与しなくてもいいのかも知れない．言い換えると，患者の治療にとって必要な医療機器については，医師を中心とする医療機関が患者に代わって，検討し，購入を決定しているということになる．

2．医療機器業界

前述したとおり，ヘルスケアに関連する産業としては，医薬品と医療機器が 2 大業界と言える．本書では医療機器業界について若干の分析をしてみたい．医療機器にも様々な種類があり，CT や MRI と言われるような大型の医療機器からコンタクトレンズやペースメーカーなど，大きいものから小さいものまで実に幅広い．世界シェアで医療機械・器具を合わせると，種類ごとに順位は入れ替わることはあっても，以下の6社が上位として常に名を連ねている[1),2)]．

① メドトロニック（アイルランド）：ペースメーカー大手
② ジョンソン・アンド・ジョンソン（アメリカ）：治療用医療機器．特に外科用手術用器具等に強い．
③ GEヘルスケア（アメリカ）：CT，MRI，超音波装置等．特にCTやMRI等の画像診断機器に強い．
④ シーメンスヘルスケア（ドイツ）：CT，MRI，超音波装置等．特にCTやMRI等の画像診断機器に強い．
⑤ フィリップス（オランダ）：CT，MRI，超音波装置等．特に超音波装置が強い．
⑥ ボストン・サイエンティフィック（アメリカ）：ペースメーカー，血管内治療器具等．特に血管内治療等低侵襲治療に強い．

これらの医療機器に関するグローバル企業を見てみると，アメリカ勢が大変強いということがわかる．1位のメドトロニックも，もともとはアメリカの企業であり，アイルランドコヴィディエン社を買収し，拠点をアイルランドとしているが，オペレーションはアメリカが中心となっていることを考えると，上位勢はアメリカが占めていることになる．AI同様，最先端の医療機器についてもやはりグローバル企業はアメリカが中心であることからも，アメリカがヘルスケアの領域においてもリーディングポジションを取っている．また，その他の上位の国々も，アイルランドやドイツ，オランダ等ヨーロッパ勢であり，高度な知識や最先端の研究の知見等を駆使して開発される医療機器市場においては，やはり先進諸国が世界をリードしている実態がうかがえる．

残念なのは，日本の企業がグローバル企業としては，名を連ねていないことである．モノづくり大国である日本として考えると，自動車に代表されるようにグローバルカンパニーの多くを日本企業が占め，世界各国で使用される自動車のかなりの部分が日本製であったように，今後世界中の様々な医療機関において使用される医療機器が日本製であることを期待せずにはいられない．ヘルスケア領域における医療機器という日本のモノづくりを世界に発信するにはまだまだ時間がかかるのかもしれない．わが国のヘルスケアシステムは，国民皆保険制度を中心とし，世界中が参考にしている見事なシステムを現在までに保持している．しかしながら，高騰する医療費の中には，医薬品や医療機器のコストも影響すること，病院経営においては，大型の医療機器の購入は大変高額であり，経営上も大きく影響すること等を考えると，今後はより一層日本企業が発展することが期待される分野であることは間違いない．

3. 日本における医療機器業界の現状

表Ⅱ-1 はわが国の医療機器売上高規模企業数の推移についてである．それぞれの売上規模ごとの企業数が示されているが，ここ 5 年間ではほとんど変化がないことがわかる．むしろ，ここ数年間では，やや減少しており，特に 1 億未満の企業では減少傾向がうかがえる．

2015 年度における医療機器の国内での生産金額は，1 兆 9456 億円，輸入金額は 1 兆 4249 億円であり，合計金額は 3 兆 3705 億円である．これに対し，国内への出荷金額は 2 兆 7173 億円，外国への輸出金額は 6226 億円であり，合計金額は 3 兆 3399 億円であった．外国への輸出金額は残念ながら 1 兆円規模には達しておらず，国内向け医療機器市場となっていることがうかがえる．しかしながら，医療機器輸出金

表II-1　医療機器売上高規模別企業数

医療機器関係売上高規模	2011	2012	2013	2014	2015
5千万円未満	7 (5.7)	5 (4.2)	8 (6.5)	8 (7.0)	5 (4.5)
5千万〜1億円	2 (1.6)	2 (1.7)	3 (2.4)	3 (2.6)	1 (0.9)
1億〜10億円	22 (18.0)	20 (16.8)	15 (12.1)	17 (14.8)	19 (17.1)
10億〜50億円	45 (36.9)	44 (37.0)	43 (34.7)	39 (33.9)	41 (36.9)
50億〜100億円	13 (10.7)	17 (14.3)	16 (12.9)	14 (12.2)	15 (13.5)
100億〜500億円	29 (23.8)	25 (21.0)	31 (25.0)	26 (22.6)	24 (21.6)
500億円以上	4 (3.3)	6 (5.0)	8 (6.5)	8 (7.0)	6 (5.4)
合計	122 (100.0)	119 (100.0)	124 (100.0)	115 (100.0)	111 (100.0)

注：(　) 内は年度ごとの比率.
出典：厚生労働省『医療機器産業実態調査　2015』より.

額の推移を見てみると，2011年—4809億円，2012年—4901億円，2013年—5305億円，2014年—5723億円となっており，年々微増傾向にあることがうかがえ，今後が期待できる分野であることがわかる[3)].

一方，輸入については，輸出同様，5年間の推移を見てみると，2011年—1兆583億円，2012年—1兆1884億円，2013年—1兆3008億円，2014年—1兆3685億円と毎年増加していることがうかがえる. 表II-2は，2015年度の医療機器大分類別輸出金額についてである. また，表II-3は，2015年度の医療機器大分類別の輸入金額についてである.

表Ⅱ-2　2015年度医療機器大分類別輸出金額および主要国

順位	大分類	輸出金額（億円）	構成割合（%）	主な輸出国（上位3か国）
	総数	6226	100	
1	画像診断システム	1478	23.7	1）アメリカ，2）中国，3）オランダ
2	医用検体検査機器	1427	22.9	1）ドイツ，2）韓国，3）アメリカ
3	処置用機器	1091	17.5	1）アメリカ，2）中国，3）ベルギー
4	生体現象計測・監視システム	709	11.4	1）アメリカ，2）オランダ，3）中国
5	生体機能補助・代行機器	592	9.5	1）中国，2）アメリカ，3）ベルギー
6	画像診断用X線関連装置および用具	366	5.9	1）中国，2）インド，3）オランダ
7	歯科用機器	211	3.4	1）アメリカ，2）ドイツ，3）中国
8	歯科材料	92	1.5	1）ドイツ，2）アメリカ，3）韓国
9	治療用または手術用機器	71	1.1	1）アメリカ，2）ベルギー，3）ドイツ
10	鋼製器具	62	1.0	1）ドイツ，2）アメリカ，3）ブラジル
	その他	126	2.0	

出典：厚生労働省『平成27年薬事工業生産動態統計年報の概要』から一部著者改変.

表II-3　2015年度医療機器大分類別輸入金額および主要国

順位	大分類	輸入金額（億円）	構成割合（%）	主な輸入国（上位5か国）
	総数	1兆4249	100	
1	生体機能補助・代行機器	3561	25.0	1）アメリカ，2）アイルランド，3）オランダ
2	処置用機器	3299	23.9	1）アメリカ，2）中国，3）タイ
3	眼科用品および関連製品	1992	14.0	1）アイルランド，2）プエルトリコ（米），3）シンガポール
4	画像診断システム	1229	8.6	1）アメリカ，2）ドイツ，3）中国
5	治療用または手術用機器	981	6.9	1）アメリカ，2）ドイツ，3）イギリス
6	生体現象計測・監視システム	837	5.9	1）アメリカ，2）中国，3）ドイツ
7	家庭用医療機器	539	3.8	1）中国，2）デンマーク，3）スイス
8	歯科材料	418	2.9	1）アイルランド，2）アメリカ，3）スイス
9	鋼製器具	352	2.5	1）アメリカ，2）スイス，3）ドイツ
10	衛生材料および衛生用品	236	1.7	1）マレーシア，2）中国，3）タイ
	その他	704	4.9	

出典：厚生労働省『平成27年薬事工業生産動態統計年報の概要』から一部著者改変.

輸出においては，相手国としては，アメリカ，中国，ドイツなどとなっている．輸出品目としては，画像診断システムが最も多く，続いて医用検体検査機器，処置用機器と続いている．これらの3品目を合わせて6割以上を占めている．

輸入においても，相手国としては，アメリカ，中国，ドイツなど，その他ヨーロッパの国々が続き，類似の国が多くなっており，医療機器に関する輸出入の相手国が同様となっている．輸入品目としては，生体機能補助・代行機器が1位を占めており，処置用機器が第2位となっている．処置用機器については，輸出も多くなっている．眼科用品および関連製品については，上位に挙がっており，主な輸入国も他の医療機器とは異なった国々となっており，やや特殊な傾向がうかがえる．また，7位に家庭用医療機器，10位に衛生材料および衛生用品なども挙がっており，輸入が多い実態がうかがえる．

4. 医薬品，医療機器等の品質，有効性および安全性の確保等に関する法律

これまで，医薬品，医薬部外品，化粧品および医療機器については，その品質，有効性，安全性を確保するため，薬事法において必要な規制が行われてきた．しかしながら，次々と開発される医薬品や医療機器等に対応するため，2013年に大きな改正が行われ，名称も「医薬品，医療機器等の品質，有効性及び安全性の確保等に関する法律（医薬品医療機器等法）」と変更された．名称を見てもわかる通り，医療機器が本法律に含まれることがしっかりと明示されている．このことからも，医療機器に関する様々な法整備がなされてきていることがうかがえる．

医療機器については，それまで医薬品と同じ条文で，医薬品に準ず

る規制が行われていたが，医療機器の特性に沿った規制とすることが必要であることから，この改正において，医薬品とは別の独立した章を設け，異なる規定を設けることとされ，法律の名称も変更された[4]．医薬品医療機器等法における医療機器の定義については，第二条に示されており，以下の通りとなっている[5]．

医療機器の定義

医療機器とは，人若しくは動物の疾病の診断，治療若しくは予防に使用されること，又は人若しくは動物の身体の構造若しくは機能に影響を及ぼすことが目的とされている機械器具等（再生医療等製品を除く）であって，政令で定めるものをいう．

さらに，医療機器は，「高度管理医療機器」，「管理医療機器」，「一般医療機器」，「特定保守管理医療機器」などに分かれており，それぞれの定義は以下の通りとなっている．

高度管理医療機器

高度管理医療機器とは，医療機器であって，副作用又は機能の障害が生じた場合において，人の生命及び健康に重大な影響を与えるおそれがあることからその適切な管理が必要なものとして，厚生労働大臣が薬事・食品衛生審議会の意見を聴いて指定するもの．

管理医療機器

管理医療機器とは，高度管理医療機器以外の医療機器であって，副作用又は機能の障害が生じた場合において人の生命及び健康に影響を与えるおそれがあることからその適切な管理が必要なものとして，厚生労働大臣が薬事・食品衛生審議会の意見を聴いて指定するもの．

表Ⅱ-4 医療機器の種類と製造販売許可の種類ならびに許可数

（2015年3月末現在）

医療機器の種類	許可の種類	製造販売業許可数
高度管理医療機器	第一種医療機器製造販売業許可	661
管理医療機器	第二種医療機器製造販売業許可	1017
一般医療機器	第三種医療機器製造販売業許可	904

出典：厚生労働統計協会「国民衛生の動向」Vo. 63, No. 9を基に，一部加筆し著者作成.

一般医療機器

一般医療機器とは，高度管理医療機器及び管理医療機器以外の医療機器であって，副作用又は機能の障害が生じた場合においても，人の生命及び健康に影響を与えるおそれがほとんどないものとして，厚生労働大臣が薬事・食品衛生審議会の意見を聴いて指定するものをいう.

特定保守管理医療機器

特定保守管理医療機器とは，医療機器のうち，保守点検，修理その他の管理に専門的な知識及び技能を必要とすることからその適正な管理が行われなければ疾病の診断，治療又は予防に重大な影響を与えるおそれがあるものとして，厚生労働大臣が薬事・食品衛生審議会の意見を聴いて指定するものをいう.

これらの医療機器のうち，「高度管理医療機器」，「管理医療機器」，「一般医療機器」それぞれについて，製造販売についての許可の種類が分かれており，これまでの製造販売許可数は表Ⅱ-4のようになっている. それぞれの医療機器を製造販売する業者は，第一種，第二種，第三種に分かれており，第二種である高度管理医療機器を扱う販売業者が最も多いことがわかる. これらの製造販売業の許可は，都道府県

表II-5　国際医療機器のクラス分類とわが国の医療機器分類の関係

リスクによるクラス分類	例	医薬品医療機器等法分類
クラスI	体外診断用器具／銅製小物（メス，ピンセット等)／X線フィルム等	一般医療機器
クラスII	MRI／電子内視鏡／消化器用カテーテル／超音波診断装置等	管理医療機器
クラスIII	透析器／人工骨／人工呼吸器等	高度管理医療機器
クラスIV	ペースメーカー／人工心臓弁／ステントグラフト等	高度管理医療機器

出典：今村知明他監修『公衆衛生が見える　2016-2017』第2版を基に，一部改変し著者作成.

知事が行うものとされている.

医療機器には，医療用メスなどの鋼製刃物の類から血圧計，ペースメーカー，CTスキャナなどの大型機器などがありその範囲は大変幅広くなっている．医療機器は，国際的にも整備・体系化が進められてきている分野であり，1992年にEUの提唱で開始された医療機器規制国際整合化会議（GHTF：Global Harmonization Task Force　2012年に活動を終了）では，医療機器が満たすべき基本要件，医療機器のクラス分類などについて検討が進められ，合意されている．GHTFのクラス分類とわが国における医療機器分類の関係については表II-5に示す通りとなっている[6)].

なお，各クラスの定義については以下の通りとなっており，人体へのリスクは，クラスIから順に高くなっていく.

クラスI：不具合が生じた場合でも，人体へのリスクがきわめて低いと考えられるもの

クラスⅡ：不具合が生じた場合でも，人体へのリスクが比較的低いと考えられるもの
クラスⅢ：不具合が生じた場合，人体へのリスクが比較的高いと考えられるもの
クラスⅣ：患者への侵襲性が高く，不具合が生じた場合，生命の危険に直結する恐れがあるもの

残念ながら，ヘルスケア・サービスを購入する患者やその家族はあまり理解していない内容と思われ，また直接的に詳細に知らなければならない内容ではないのかもしれない．確かにヘルスケア・サービスを提供する専門の側である医師や病院関係者と製品を開発・製造する企業とが互いに十分に理解していれば十分かと思われる．医療機器市場における消費者はあくまで医師や病院であるが，人工呼吸器やペースメーカーが高度管理医療機器であることなどについては，法律の内容も含め，装着している患者自身やその家族も理解しておいた方がいいのではないかと思われる．医療機器の性能によっては，直接的に生命の危機に瀕する可能性もあることなどを考えると，やや複雑ではあるが，今後はより一般の人々にも，本制度の理解は深めていただきたいと思われる．また，ヘルスケア・ビジネスとして医療機器を考えた場合においても，今後は医療機器を製造販売している企業の株主や投資家等は，医療機器に関する法制度や種類，リスクなどについて十分な知識や情報を持ち，市場が健全に機能し，発展していくことが望まれる．

5. 医療機器の安全管理

医療機器に関しては，多くは患者や家族が直接使用するのではなく，

患者の診断や治療のために，医師を始めとする医療従事者が使用することから，ユーザーである医療従事者のニーズを把握することが医療機器を扱う企業にとっては重要となる．医療機器は，様々な医療現場において，患者の命を守る大切な道具となっていることを考えると，医療機器の安全管理は大変重要なことは明らかである．

2013年，厚生労働省では，国内だけでなく，国外においても新興国の台頭など，医薬品・医療機器産業を取り巻く環境が大きく変化し，国際競争が一層激しくなっていることを受け，医薬品・医療機器産業がイノベーションを担う，国際競争力のある産業となることを目指し，中長期的な将来像を示す「医薬品産業ビジョン2013」と「医療機器産業ビジョン2013」を策定し，公表した．

医療機器に関する「医療機器産業ビジョン2013」[7)] では，医療機器産業は輸入超過の状況にあることを指摘している．日本製は，診断系（内視鏡，放射線診断など）の医療機器の中には高い競争力を持っている製品もあるが，治療系医療機器については，輸入超過となっていることが，医療機器産業界が抱える課題として受け止められている．このことより，医師らが治療で使用する医療機器の多くは海外製の医療機器も少なくない．治療用医療機器の特徴や使用方法，ならびにメンテナンス等も含め，正しい使用と効果的な活用そして何よりも患者への安全性の確保が十分に保証されることが大変重要である．海外の企業が丁寧かつ十分に医師に対し使用に関する研修やデモンストレーション，フォローアップ等を含め，継続的な関係性の確保とメンテナンスがより重要である．

また，同ビジョンでは流通の状況については，次のように分析している．「医療機器を取り扱う企業形態としては，広域を対象に展開している場合のほか，特定の医療機器を専門的に扱う場合や，地域性や特定の医療機関との信頼関係に基づいて，多種多様な医療機器を特定の地域や医療機関に供給する場合などが存在する．医療機器は通常少量多品目を使い分けされるとともに，医療機関向けに保守管理の方法や操作方法等の説明が必要な場合もあるなど，中小規模の企業として製品の受注から入庫，配送，納品，説明などに至る全てを担うことが経営上の重い負担となっている場合がある」．

それぞれの医療機関ごと，診療分野ごと，様々な医療機器の種類が多種多様にある中で，高度な技術や修練を必要とする医療機器も存在する中で，売りっぱなしではなく，きめ細かく，頻度や時間をかけて，医師や医療機関との関係性を保持しながら，医療機器の安全性に貢献することは企業にとっては重要であるが，経営上はかなり難しい実態がうかがえる．様々な医療機器に囲まれている今日の医療現場においては，患者の視点からは大変重要な視点と言える．

さらに，医療機器が当初の想定通りに機能・作動するためには，医療機器の保守点検は欠かせないとした上で，技術革新によって様々な医療機器に対する保守点検の重要性が増している中で，医療現場における実施率については，最先端機器については向上しているものの，依然として保守点検の実施率が 100% にはなっておらず，また医療機器の性能の違いによって実施率に差異があるため，引き続き保守点検の徹底が求められるとしている．報告書の中では，4 列以上の X 線 CT 装置における保守点検の実施率が 99.6% であるのに対し，4 列未満の X 線 CT 装置については下回っており，また，1.5 ステラ以上の MRI 装置については，97.5% と高い実施率であったが，1.5 ステラ未満の MRI 装置については，それより低くなっていることが指摘されている．最新で，大型のものや最先端の医療機器や大手の企業のもの以外の医療機器の使用に関しては，つまり中小企業や海外，最先端ではない医療機器についての保守点検については十分でない可能性が危惧される．診療報酬上は，各医療機器の状態が同じ状態での使用を想定し，標準化されている中で，医療機器市場の現実と言っても，改善が必要と思われる．

ME 機器の特徴と安全対策

ほとんどの ME 機器（医用電子工学機器：Medical Engineering, Medical Electronics Equipment）は，動力に電気を使用しているため，取り扱いに注意しないと感電事故の危険性がある．また，医療ガスを使う ME 機器もあり，代表的な ME 機器は，人工呼吸器，麻酔器，酸素療法用機器（酸素流量計，ネブライザーなど），壁掛式吸引器などである．機器と併用する医療ガスは，酸素，圧縮空気，亜酸化窒素（笑気，吸引），窒素，二酸化炭素（炭酸ガス）などがあり，使用時の供給圧力が決まっているので，これらを取り違えて使わないよう，医療ガスを特定するための色識別や医療機器に接続するアダプター形状，医療ガスボンベの塗色などが規定されている[8]．

使用頻度の高い ME 機器である心電図などの生体情報モニターについては，患者の生体情報モニター機能とともに，異常時の警報機能が備えられている．患者の心電図を長時間連続的にモニタリングする ME 機器が心電図モニターであり，患者の胸部に誘導電極を張り，心拍数と心拍リズム，心電図波形，呼吸数などの経時データを表示，記録することができる大変重要な ME 機器である．生体情報モニターを使用する医療従事者は，患者の状態に応じた適切な警報設定と警報が鳴ったときの対処法を知っていなければならない．実際に警報音への対処が十分でない場合には，医療事故が起きており，医療従事者に対する安全対策に関する研修等が不可欠である．

また，医療現場では人工呼吸器に関する医療事故もあり，「人工呼吸中に本体のアラームが鳴り，確認すると人工呼吸器が停止していた」，「指示された設定と異なり，誤作動していた」など，人工呼吸器の保守管理が適切に行われていないために故障やトラブルを引き起こした事例が多くなっている[9)]．これらの事例や死亡事故を教訓として，生命維持管理装置である人工呼吸器は，「医療機関が責任をもって保守管理を確実に実施すること，また，自らが実施困難な場合は適正な業者に委託すること」とされている．人工呼吸器回路の接続間違い，人工呼吸器の設定・操作，人工呼吸器使用中の生体情報モニターによる監視と不測の事態への対応など，それぞれの場面において安全性が担保されるよう，医療機関および業者が保守管理をすることが重要である．

特に最近は，呼吸疾患治療への人工呼吸器の適応拡大に伴い，在宅人工呼吸療法が盛んになってきており，医療従事者のみならず，患者の家族や介護者の使用時の安全の確保や，在宅における使用に関する保守点検の充実に対応することも急務となってきた．保守管理に関する企業の役割もより重要となってくる．

医療機器の種類や特徴ごとに注意点が異なるため，安全対策においてはきめ細かな対応と医療従事者教育や研修，そして今後は在宅療養者の家族や介護者への教育や研修も欠かせなくなってきており，より充実させることが望まれる．

6. 日本における医療機器市場と人の移動の必要性

日本貿易振興機構（ジェトロ：JETRO）によると，世界の医療機器市場においては，アメリカが最大市場となっており，日本は世界の1割を占めるにとどまっており，JETRO内においても，2015年4月よりヘルスケア産業課が発足しており，バイオ医薬品関連，医療機器，健康長寿機器・サービスの3分野を所掌し，海外情報の提供，海外展示会等でのビジネス支援，ビジネス環境の改善などを通じ，ヘルスケア分野の日本企業の海外展開への支援を開始している[10)]．現状では，世界の医療機器市場の大半を先進国が占めており，市場規模としては先進国が大きいが，伸び率の高いのは新興国市場であると分析している．

具体的に急成長している新興市場としては，ベトナム，ブラジル，マレーシア，インドネシア，タイ，中国，インドなどにおいて医療機器市場の年平均成長率が高くなっており，サウジアラビア，韓国，南アフリカ，トルコ，ロシアなどがそれに続いている．これらの拡大している新興市場では，所得水準の向上により医療サービスにアクセスしやすい人々の増加，高齢化の進展や生活習慣病の増加，公的医療保険の対象範囲の拡大，高まる医療需要の増大に応えるべくインフラ整備意欲などが起きている．今後は日本企業と各製品の海外へのさらなる紹介が急務とされている．また，世界中の医師をはじめとする医療従事者が，欧米に留学・研修を行い，欧米の各大学病院内や研究室には各メーカーの資機材が豊富に提供されており，これらの国々で学んだ新興国の医師達が，自国に戻り，慣れた欧米製品を好み，使い続ける傾向があるため，日本製の医療機器の販路を拡大するには，日本国内での海外からの医師等の医療従事者の研修や受入れの拡大も同時に行う必要があるとされている．

7. 医療従事者のインバウンド・アウトバウンドの必要性

現在のわが国におけるグローバリゼーションの流れとしては，一般の観光目的のツーリストなどを中心とするインバウンドの活性化がどちらかというと政策の中心となっている．また，ヘルスケア分野におけるインバウンドもメディカル・ツーリズムなどの患者に対するインバウンド促進の流れとなっているが，ヘルスケア分野における医療機器と医療従事者との深い関わり合いを考えると，今後は医師をはじめとする医療従事者のインバウンド促進は不可欠であると思われる．すでにEPA（経済連携協定：Economic Partnership Agreement）により看護師や介護福祉士については，フィリピン，インドネシア，ベトナム間において人のインバウンド，アウトバウンドが開始されている．EPAは，貿易の自由化に加え，投資，人の移動，知的財産の保護や競争政策におけるルール作り，様々な分野での協力の要素を含む，幅広い経済関係の強化を目的とする協定であり，特に「人の移動」の中には，ヘルスケア・サービス提供者も含まれている．

EPAに基づく外国人看護師・介護福祉士の受入れ枠組みとしては，原則として外国人の就労が認められていない分野（看護補助分野・介護分野）において，一定の要件（母国の看護師資格者等）を満たす外国人が，日本の国家資格の取得を目的とすることを条件として，一定の要件を満たす病院・介護施設（受け入れ施設）において就労・研修することを特例的に認めるものである．滞在期間は看護においては3年，介護においては4年までとなっている[11]．すでに国内全体でのインバウンドの促進のみではなく，医療界における医師をはじめとする医療従事者のインバウンド，アウトバウンドも今後はグローバル化においては必須となることが予測される．

8. 医師の臨床修練制度とグローバル化

看護師と介護士については，まだ数か国であるが，次第にグローバル化の流れが高まってきている．医療機器はすでに外国製のものが大半を占める現実の日本の医療市場において，直接的に診断，検査の指示，治療を行う医師についてのグローバル化はどのように考えればよいのであろうか．

日本の医師資格制度の根拠は医師法による．医師法第11条3項には「外国の医学校を卒業し，又は外国で医師免許を得た者で，厚生労働大臣が前2号（医師国家試験予備試験に合格した者で，合格した後一年以上の診療及び公衆衛生に関する実地修練を経たもの）に掲げる者と同等以上の学力及び技能を有し，且つ，適当と認定したもの」が日本における医師国家試験および医師国家試験予備試験を受験できることが明記されている．つまり，外国医師による日本の医師免許取得の流れとしては，外国の医学校卒業後，外国の医師免許取得をした後，日本における医師国家試験受験資格認定申請を行い，日本語診療能力調査を受験し，本試験認定されるか，あるいは予備試験認定を受け，実地修練を経て，それぞれ通常の日本国内の医学部生と同様，日本語による医師国家試験に合格し，医師免許取得後2年以上の卒後臨床研修を経るというプロセスとなる．

この他，わが国には，外国人臨床修練制度がある[12)]．医師法第17条において「医師でなければ，医業をしてはならない」の原則において，特例として「外国医師等が行う臨床修練に係る医師法第17条等の特例等に関する法律」によって，医療分野における国際交流の進展と発展途上国の医療水準の向上に寄与することを目指し，医療研修を目的として来日した外国医師等に対し，その目的を十分に達成することができるよう，当該研修で診療を行うことを特例的に認める制度となっている．具体的には，外国医師等は，①医療に関する知識・技能の修練を目的として本邦に入国していること，②臨床修練を行うのに支障のない日本語等の能力を有すること，③外国の医師等の資格を取得後，3年以上の診療経験を有することなどの条件を満たした上で，厚生労働大臣の許可を得て，2年以内の期間，臨床修練を行うことができることとなっている．

本制度のより積極的な活用を目指し，2014年10月より外国医師の臨床修練制度の見直しが行われた．改正の具体的な内容としては，①

これまでの許可の有効期間である最長2年間から，正当な理由があると認められる場合，さらに最長2年間の有効期間の更新を認めるという年限の弾力化が行われたこと，②これまで当事者から「手続きが煩雑」，「要件が厳しすぎる」等の指摘があったことを踏まえ，厚生労働大臣が関与する手続きの簡素化・要件の緩和が行われたことである．改正前の臨床修練制度においては，受入病院は厚生労働大臣が指定した病院であったが，病院と緊密な連携体制を確保した診療所が加えられた．指導医については，厚生労働大臣が指定した医師であったのが，受入病院が選任した医師となった．外国医師が使用する言語についても，これまでは外国医師が日本語，英語等の7か国語（省令で規定）のうち，いずれかを理解し，使用する能力を有している場合に限り，臨床修練を許可していたが，今後は外国医師が使用する言語は限定せず，指導医が理解，使用できれば，母国語でも可となった．但し，手続きの簡素化・要件の緩和に伴い，不適切な事例が発覚した場合に備え，受入病院に対する報告徴収や立入検査の権限を整備することとされた．

この他，二国間協定に基づく外国医師の受入れについても今後発展していくことが期待されている．これまでイギリス，アメリカ，フランス，シンガポールなどと二国間協定を締結しているが，あまり実績はなく，今後は臨床修練制度から二国間協定への枠組みへの移行の円滑化や，修練制度の受入れ機関の拡充，修練制度でない仕組みの創設等，外国人医師の受入れ拡大に向けて何らかの制度改正を講ずることが検討事項とされている．また，2国間協定による外国人医師が，日本の保険の適用が認められている外国人を診療した場合の保険適用についても現在は認められていないが，今後の検討課題とされている．さらに，外国医師による診療については，国家戦略特別区域として，グローバル化が進みつつある[13]．2015年6月，東京圏区域を国家戦略特別区域として，増大する外国人患者のニーズに応えるため，2国間協定の締結または変更により，次の医療機関において，外国医師を新たに受入れ，診療を実施することが認められた.

○慶應義塾大学病院（東京都新宿区）：イギリス人1名

○学校法人順天堂　順天堂医学部付属順天堂医院（東京都文京区）：アメリカ人1名，フランス人1名

○学校法人聖路加国際大学聖路加国際病院（東京都中央区）及び同病院附属クリニック聖路加メディローカス（東京都千代田区）：アメリカ人2名

このことにより，2国間協定に基づく外国人医師の業務解禁が2015年12月から実施されてきており，各医療機関における外国医師による診療が開始されてきている．今後は特区以外においてもより進むことが期待されている.

9. 経済産業省における検討会

以上のように，わが国の優れた医療を世界に向けて発信していく流れが本格的に進み始めてきており，経済産業省が様々な支援を展開してきている．医療の国際展開の基本的な考え方は，わが国の優れた機器・サービスを各国のニーズに応じて提供（アウトバウンド）していくとともに，日本国内での診療を望む渡航受診者の受入促進（インバウンド）を行うという2方向からのアプローチを積極的に展開していくことにある.

インバウンドについては，2020年の東京オリンピック・パラリンピックも視野に，すでに様々な取組が進められてきている．一方，アウトバウンドは国による医療に関する様々な違いも影響し，諸課題を抱えているのが現状である．アウトバウンド推進のイメージとしては，

国際保健を日本外交の重要課題と位置づけ，日本の知見などを総動員し，ユニバーサル，つまり地球上のすべての人々が基礎的保険医療サービスを受けられることを目指すこと（ユニバーサル・ヘルスカバレッジ：UHC）とし，同時に相手国の発展に寄与する持続的な事業展開を進める中で，「ビジネス」としての医療機器・サービスの輸出を展開することを目指している．

すでに新興国を中心に国際展開している医療機器に関し，メンテナンス体制強化に関する研究会が，経済産業省内で 2017 年 1 月～2 月に実施され，3 月に報告書がとりまとめられた[14]．報告書では，日系医療機器メーカーは，積極的に現地拠点を創設する外資系医療機器メーカーと比べて代理店の活用が中心となる中で，①初期対応や判断のミス，②遅い修理対応速度，③予期せぬ故障の発生などの解決すべき課題を抱えているとしている．今後は，医療機器以外の業界における取組事例を参考に，臨床工学技士等の専門家による協力も得ながら，日系メーカーが共同でメンテナンス拠点を整備することも検討されている．

さらに第三者との連携に関する具体的な解決手法案としては，①外部事業者（コールセンター事業者）を活用した現地拠点の構築，②外部事業者（物流事業者）の現地倉庫などを活用した医療機器部品の保管・出荷（含メンテナンス），③在庫管理サービス（SPD 事業者）など周辺サービスを組み合わせた体制構築，④医療機関内の医療機器保守センターによる一括受託，⑤第三者メンテナンス事業者を交えた病院のファシリティマネジメントの提案などを行うことによってこれまでの諸問題を解決していくことが可能となるとしている．いずれにしても連携や協力体制の整備が必要とされている．

また，同じく経済産業省内における「海外における日本医療拠点の構築に向けた研究会」が 2016 年 11 月～2017 年 2 月まで実施され，3

月報告書が取りまとめられた[15]．研究会委員には，大学研究者をはじめ，日本医師会や日本病院会，日本看護協会，大学病院などを含む医療団体・機関，独立行政法人国際協力機構（JICA），株式会社国際協力銀行（JBIC），株式会社産業革新機構（INCJ）や各商社（伊藤忠商事株式会社，双日株式会社，豊田通商株式会社，丸紅株式会社，三井物産株式会社，三菱商事株式会社），各建設会社（清水建設株式会社，大成建設株式会社，株式会社竹中工務店）や保安警備会社（セコム医療システム株式会社），各銀行（株式会社三井住友銀行，株式会社みずほ銀行）をはじめとする各金融機関など，様々な分野からの構成メンバーが含まれている．さらに，オブザーバーとして，各保険会社（損保ジャパン日本興亜株式会社，東京海上日動火災保険株式会社），医療機器や製薬団体，内閣官房や外務省，厚生労働省，国土交通省，独立行政法人日本貿易振興機構（JETRO）などが参加している．

本研究会開催の背景には，新興国では高齢化が進行し，がんや生活習慣病の増加が予想されており，医療における課題も先進国と共通のものになりつつある中，海外における日本の医療拠点の構築を中心となって推進する事業主体が不足しており，日本の医療サービスの普及や新興国の拡大する医療サービス市場の取り込みが必ずしも十分とは言えない状況であるとしている．

報告書では，海外における日本の医療拠点構築のモデルとしては，これまでの拠点構築は医療機関・医療機器メーカーが中心となり推進してきたが，医療サービスの取り組みが不十分であり，今後は，「商社と医療機関」が連携する手法なども考えられるとしている．具体的な連携のあり方としては，日本の医療機関等にとって国際展開を行う意義が不明確であり，将来的には商社等の事業者による事業利益の地域医療への還元を含む仕組みの検討が必要とされている．つまり，ビジネスとしての医療のアウトバウンドについては，今後は商社を中心として展開していくことが望ましいとされている.

さらに，日本の医療拠点構築を通じて，海外に提供し得る価値としては，新興国等で持続的な医療拠点を整備するためには，提供する日本医療の強みや方向性を明確化することが不可欠であり，チーム医療に基づく安全性やオペレーションの効率性，日本的なホスピタリティの提供を前提に，早期発見・健診・検診・予防，低侵襲医療，遠隔医療，小型機器を用いたサービス提供に重点的に取り組む視点が重要であるとしている.

今後は，ますます医療の国際展開が進むことが期待されるが，大学病院などの国際医療連携などを見ても，タイやモンゴル，バングラデシュやインドネシア，ミャンマーやネパール，カンボジア，ラオスなど様々な国となっている．その国々の医療事情を十分に理解することが今後は強く求められてくると思われる.

10. 主な医療機器に関する企業

具体的に，医療機器を取り扱ういくつかの企業について分析してみたい.

1）メドトロニック（Medtronic）

医療機器業界において，世界トップとなったメドトロニックは，アメリカの企業であり，アイルランドの企業でもある．医療機器業界においては，数年，大企業同士のＭ＆Ａ（合併・買収）が目立つ中，メドトロニックもその１つである．2014年，心臓ペースメーカー大手のメドトロニックが，手術用製品や人工呼吸器に強いコビディエン（アイルランド）を買収し，売上高を合計すると約270億ドルとなり，世界のトップに躍り出てきた企業である．本社をアイルランドダブリンに置き，オペレーションはアメリカミネソタ州ミネアポリスにある企業であり，日本法人は，日本メドトロニック株式会社である．

メドトロニックは[16)]，1949 年，アール・バッケンと義兄弟のパーマー・ハーマンズリーの 2 人によって，医療機器の修理会社として，ミネアポリスの小さなガレージからスタートし，以来，医療の進化に取り組み，小さな修理会社は世界的な医療機器企業へと発展を遂げていく．Medtronic の意味は，Medical（医療）と Electronic（電子工学）という 2 つの単語の組み合わせである．沿革をたどると，1957 年，創業時と同じ改造したガレージで仕事を続けていたアール・バッケンは，世界初の電池式体外型ペースメーカーを開発し，このことが大きな発展のきっかけとなる．1960 年代に入ると，ペースメーカー以外の取扱製品も増え，多角的な医療技術を提供する企業として拡大していくこととなる．日本メドトロニック株式会社は 1975 年に設立され，翌年より営業を開始し，日本においてペースメーカーを発売する．メドトロニックは，1977 年には人工心臓弁を発売，2008 年には世界初の条件付き MRI 対応ペースメーカーを発売するなど，まさに心臓に関する医療機器のエキスパート企業である．

1960 年に制定されたメドトロニックの使命（Mission）は，「人類の福祉に貢献すること」を最優先事項に掲げており，その後半世紀以上にわたり，世界中のメドトロニックの社員の倫理の骨子であり，目標であり続けてきた．現在，160 か国近い国の 370 以上の地域において，8 万 4000 人以上の従業員のいる巨大企業である．メドトロニックのミッションの恩恵を受けて，安全で高性能な心臓ペースメーカーのおかげで世界中の何百万人もの人々の生活を豊かに変えていることは素晴らしいことである．

さらにメドトロニックは，世界中で医療技術，サービス，ソリューションを提供するグローバルカンパニーとして，研究開発や社会貢献も熱心に行っている．カンパニーの目標は，医療制度の基礎となる「治療結果の改善」，「医療へのアクセス拡大」，「コストと効率の最適化」を重視している．メドトロニックは，治療，術式，システムのレベルにおいて意義のあるイノベーションを市場に導入していきながら，医療機器のイノベーションの最前線に立つべく努力をしているとしている．具体的には医療コストの上昇を抑え，また削減にも努めながら，患者によりよい治療結果をもたらすことを目指す「Value-Based Health Care（価値に基づくヘルスケア）」という医療モデルの構築を行っている．

ハーバードビジネススクールのロバート・カプラン教授は，ヘルスケアのゴールの中心は患者のための価値でなければならないとしており，マイケル・ポーター教授と一緒に価値を以下のように定義づけた．「Value-Based Health Care（価値に基づくヘルスケア）」はまさにこのことを意味している[17)]．つまり，結果を提供するコストがより小さくて患者に起こる医療の結果がよりよい結果となることがヘルスケアの価値であるとしている．素晴らしい考え方である．

$$\text{Value（価値）} = \frac{\text{Health outcomes that matter to patients（患者に対して起こる医療の結果）}}{\text{Costs of delivering the outcomes（結果を提供するコスト）}}$$

メドトロニックの事業形態は 4 つのグループに分かれ，それぞれがいくつかの事業分野を構成し，全 14 分野で，慢性期および急性期における幅広い領域の疾患治療への貢献を目指し，事業を展開している．2017 年会計年度事業収益構成では，①カーデアックアンドバスキュラーグループ（CVG）：105 億ドル（全体の約 35%），②ミニマリーインベイシブセラピーグループ（旧コビディエングループ）（MITG）：

表II-5　日本メドトロニック　4つのグループと各事業部

CVG（カーディアックアンドバスキュラーグループ）
- i）CRHF 事業部（カーディアック・リズム・アンド・ハート・ファイリア）
- ii）コロナリー・バスキュラー事業部
- iii）ペリフェラル・バスキュラー事業部
- iv）エンドヴィーナス事業
- v）ストラクチャルハート＆エンドバスキュラー事業部

MITG（ミニマリーインベイシブセラピーグループ）
- i）サージカルイノベーション事業部
- ii）RMS 事業部（レスピラトリー＆モニタリングソリューション）
- iii）アーリーテクノロジー事業部
- iv）リーナルケアソリューション事業部

RTG（リストラクティブセラピーグループ）
- i）サージカルテクノロジー事業部
- ii）ニューロモデレーション事業部
- iii）ニューロバスキュラー事業部
- iv）スパイン事業部

DIB（ダイアビーティス）
- i）ダイアビーティス事業部

出典：日本メドトロニックホームページ　ビジネスフィールドより一部著者改変.

99億ドル（全体の約33%），③リストラティブセラピーグループ（RTG）：74億ドル（全体の約25%），④ダイアビーティスグループ（DIB）：19億ドル（全体の約6%）となっている．日本メドトロニックにおけるそれぞれの事業の内容は表II-5の通りとなっている[18]．グループごとにさらに事業部に分け，医療分野は複雑でそれぞれの専門性が大変高いことに合わせ，より専門性の高い領域ごとに詳細な検討や開発が行われていることがうかがえる．

2）オリンパス（OLYMPUS）

オリンパスは日本の企業であり，消化器内視鏡では世界シェアの7

割を占める国内トップの医療機器メーカーである．オリンパスの経営理念は，「Social IN」であり，生活者として新しい価値を提案し，人々の健康と幸せな生活を実現していくこととしている．「Social IN」は，「社会の価値を会社の中に取り入れる（Social Value in the Company）」という意味の造語であり，この経営理念である「Social IN」には，「Integrity（社会に誠実）：高い倫理性，人権尊重」，「Innovation（価値の創造）：革新的価値の提供，活力ある職場環境」，「Involvement（社会との融合）：環境との調和，社会への貢献」の 3 つの「IN」で企業と社会との関係を確立することを目指している[19]．

オリンパスの事業は，①医療事業（Medical），②科学事業（Science），③映像事業（Imaging）の 3 つに分かれており，医療分野は，患者にも医師にも優しい，先進医療環境の創造を目指している．医療分野はさらに，消化器呼吸器科事業，外科事業，泌尿器科婦人科事業に分かれており，それぞれの医療機器が開発，販売されている．現在，本社は東京都新宿区にあり，連結従業員数は 3 万 4687 人（2017 年 3 月 31 日現在）となっている．事業別売上高構成比をみると，全体で 7481 億円（2017 年 3 月期）のうち，医療分野が 5753 億円で全体の 76.9% を占め，圧倒的に多い．次いで，科学分野が 932 億円（12.5%），映像 656 億円（8.8%）となっている．さらに，医療分野のうち，内視鏡が 3229 億円，外科領域が 1826 億円，処置具が 697 億円という内訳となっている．地域別売上高構成比では，①北米が 2557 億円で全体の 34.2% と最も多く，次いで②欧州が 1749 億円で全体の 23.4%，③日本では 1596 億円で 21.3%，④アジア・オセアニア 1435 億円で全体の 19.2% となっている．日本国内の売上よりも，アメリカ，欧州の方が多く，かつアジア・オセアニアを含めると，全体の 8 割近くが国外シェアとまさにグローバルカンパニーと言える．

沿革を見てみると，設立は 1919 年に顕微鏡事業で創業し，もうすぐ100周年を迎える歴史ある企業であり，医療事業については，1950年に世界初の実用的なガストロカメラの開発を行い，1952年には製品化し，胃カメラである「GT-I」として発表した．ある医師の「患者の胃の中を撮影するカメラが欲しい」という思いにオリンパスが応え，世界初の胃カメラ実用化に成功したのである．オリンパスの内視鏡技術は医師との二人三脚で改良を進めてきたとしており，内視鏡に求められるきわめて繊細な操作性は，医師とともに細かい仕様を改良する長年の積み重ねによるものであり，そのことが製品の優位性に繋がっているとしている．つまり，医療機器の顧客である医師とともに，開発を進め，ユーザーベースの視点からの開発を常に続けてきた結果，今日のような内視鏡の世界シェアを築き上げてきたことは大変重要な視点であると思われる．

その後，1964年にはファイバースコープを発売し，グラスファイバーを採用し，リアルタイムで胃内の観察が可能となった．またここでの大きな進歩は，治療が可能になったことであり，体内を観察しながら，鉗子チャンネルから挿入した処置具で病変の手術をすれば，体の表面にメスを入れることなく，低侵襲の手術が可能になったのである．このことは患者のQOL（Quality of Life）にとっては大変意味のある進化となった．続く大きな変革は，1985年のビデオ内視鏡システムの発売であり，画像がテレビモニターに表示されるため，複数の医師や医療従事者で共有できるようになったことはチーム医療により貢献したことと思われる．2002年には，世界初のハイビジョン内視鏡システムが発売され，画像のハイビジョン化による腫瘍の診断など，様々な技術的進展もあり，内視鏡の治療面での応用が加速していった．近年では，2012年には消化器内視鏡の次世代基幹システムである内視鏡ビデオスコープシステム「EVIS EXERA III」「EVIS LUCERA ELITE」を発売した．このようにグローバルリーディングカンパニーは，常に時代の最先端の開発に余念がないことがわかる．

オリンパス医療事業の特徴としては，「早期診断」，「低侵襲治療」をベースとした価値の提供であり，消化器内視鏡を核として「早期診断」，外科製品を中心とした「低侵襲治療」という2つの価値を提供することにより患者のQOL向上と世界的に増加傾向にある医療コストの抑制に貢献していくとしている[20)]．内視鏡は大きく分けると，口，鼻，肛門，尿道など自然の開口部から挿入するタイプと，体表に小さな穴を開けて挿入するタイプの2種類があるが，前者は主に内科医が，後者は主に外科医が使用している．オリンパスの消化器内視鏡は，前者に相当し，主に内科の分野で使用されてきた．外科領域においても，消化器内視鏡分野で培った医療機器開発のノウハウと技術力により，診断から治療までを包括的に提案している．具体的にはエネルギーデバイス「THUNDERBEAT」の導入によって，新たな低侵襲手術市場を創生しており，腹腔鏡手術などにおいても，外科内視鏡システムに外科内視鏡スコープを接続して使用するなど，より低侵襲な手術が可能となるよう日々開発されている．このようにオリンパスの内視鏡に関する発展を追っていくと，いかに患者のQOLに貢献してきたかが一目瞭然であろう．疾患は変わらなくとも，治療方法や身体へのアプローチの方法が変わることは，患者にとって大変大きな変化であり，低侵襲の手術も今後さらに進むことによって，より患者に優しい手術が増えていくことと思われる．

内視鏡は，人体に使われる精密機械であり，最高の機能を発揮するには，最高メンテナンスをする必要があるため，オリンパスでは世界中の患者が安心して内視鏡検査・治療を受けられるよう，業界トップのグローバルなサービス体制を構築している．人体に挿入して使う内視鏡は，少しの作動不良が医療事故につながる可能性があるため，修理完成品の品質は新品と同等のものが求められるとしている．「安心・安定して使えること」が内視鏡の本質的な価値の1つであるとオリンパスは考えている．したがって，1952年の内視鏡事業スタート時より，サービス体制の充実に力を入れてきている．アメリカカリフォルニア州サンノゼには，オリンパスが誇る世界最大の内視鏡修理センター「サンノゼ・ナショナルサービスセンター」がある．1979年に分解を含む本格的な修理（重修理：故障した製品を分解し，検査・修理すること）を集中して行うために設置された．また，現在では，北米，南米，欧州，アジア，豪州，アフリカの世界6大陸にサービス拠点があり，このことは世界の医療機器メーカーの中で，随一のネットワークとなっている．新品を売ることのみではなく，メンテナンスの重要性についての認識をしっかりともち，修理のための拠点を整備も同時に進めてきたところに，医療機器業界を牽引するグローバル企業の素晴らしさを感じる．

オリンパスのもう1つの特徴は，内視鏡医の育成を支援するトレーニングセンターを世界各地に整備していることである．特に，近年では新興国市場では急速な経済発展に伴い，「早期診断」，「低侵襲治療」への要望が大きくなっていることを視野に，新興国においても日・米・欧と同様に，トレーニング機会の提供を通じた医師の育成を支援していくこととしている．開発もユーザーである医師とともに進めてきているが，同時にユーザーへのトレーニングの機会の提供にも力を入れることより，商品をただ売るということではなく，いくら医療機器がよくても使用する人の能力やスキルが結果に違いをもたらずことを考え，支援体制を整備することは，オリンパスの強みであると思われる．

ユーザーの視点に立った商品開発，修理の充実による商品の安全かつ安定使用の確保，各種トレーニング提供による商品使用のスキルの向上のいずれもが，顧客であり商品のユーザーである医師を大切にし，徹底的に顧客である医師のニーズを把握し，顧客の安心を保障し，顧客のスキルアップを教育することに繋がっている．このことは，結果的にはすべて患者に還元されることを忘れてはならない．内視鏡を使用する医師の状態や知識，熟練度，内視鏡の不具合などは，すべて患者の診断や治療の結果に影響を及ぼすことは明らかである．グローバル・ヘルスケア・ビジネス成長のキーワードは，やはり患者中心の医療である．

III
ヘルス・ビジネス分析
フード業界を中心に

先にも述べたが，医食同源と言われるように，食＝フードは人間が生きていく上で最も重要なものであることは自明である．動物である人間はエネルギーの元である食＝フードによって栄養を体内に取り入れることにより，生命を維持することができる．食＝フードを考える際，どのようなものを食べるかによって，私達の心身に多大な影響を与えることをまずは考えなければならない．現代社会は一部では飽食の時代とも言えるが，グローバルな視点からみればかなり偏りがあるのが実際である．日本においては，現在ではダイエットブームや痩せ志向も若年世代に多く，食＝フードがあまり重要視されていない傾向も見受けられるが，第二次世界大戦後のわが国の公衆衛生上の一番の問題は，飢餓であったことを忘れてはならない．いくら大好きなゲームがたくさんあり，多くの情報を持ち合わせていたとしても，食べ物がなければいずれ人間は死んでしまうことを忘れずに，毎日の食＝フードに感謝しなければならない．

食べ物はまさに自然からの恵みである．美味しい魚も，栄養価の高い野菜も，瞬時にして手に入るものではなく，魚も野菜も時間をかけて成長したものを私達人間は口にして生命を維持しているのである．

魚は青い美しい海が育む恵みであり，野菜もたくましい大地が生み出す神の恵みとも言えるほど尊いものである．先ほど食＝フードがなければ私達が生きていくことができないと申し上げたが，その食＝フードは生命の源である地球が育んでいることを考えれば，私達は自然に生かされていることに気付かなければならない．

テクノロジーの進歩は人間が生み出した素晴らしい英知であり，今後も進化を続けていくことであろう．しかしながら，食＝フードに関しては，地球という母体がなければ成立しないことをまずはしっかりと認識しなくてはならない．この世は人間と機械だけでは生き残れないのである．微生物がいなければ豊かな土壌は成立せず，栄養価の高い野菜も育たない．プランクトンをはじめとし，様々な食物連鎖によって魚も成長を続け，最終的に私達の胃袋に入る．このようにすべての食＝フードは，自然という偉大な存在がもたらしてくれる素晴らしい恵みである．つまり，少し大胆ではあるが，言い換えると，食＝フード・ビジネスとは，「自然を理解するビジネス」と言えると思われる．ヘルス・ビジネス，すなわち健康を保持増進するためのビジネスは，自然を理解し，自然と共存するための様々な工夫を行うビジネスと言えるのかもしれない．ヘルス・ビジネスには，他にも人間が生きていくために必要な「運動」や「睡眠」なども含まれるが，「睡眠」も太陽の光に反応して私達人間が睡眠サイクルをもって生きていることに対する理解がまずは大前提である．「運動」についても有酸素運動では酸素を必要とするものが多く，澄んだ空気が豊かにあることが基本であるという認識でビジネスも考える必要があるのではないだろうか．やはりヘルス・ビジネスは，自然を理解することによって，より豊かに発展できると思われる．本章では，まずは食＝フード・ビジネスを中心に検討してみたい．

1. 消費者教育の推進に関する法律

ヘルスケア・ビジネスにおいては，医療機器や医薬品の購入に関しては，消費者は医師をはじめとする医療関係者であり，一般の医療消費者である患者とその家族はどちらかと言うと，お任せの市場であることは前述した通りである．しかしながら，日々の生活に関する事柄については，一般の消費者が何を購入するかによって，市場は大きく変化していく．つまりヘルス・ビジネスに関しては，消費者の役割は大変重要であることになる．消費者のニーズは重要なファクターであり，消費者のヘルスに対する考え方は，ヘルス・ビジネス業界に大きく影響することは明らかである．

わが国においては，2012 年 12 月より「消費者教育の推進に関する法律」が施行されている．第一条の目的には以下の内容が書かれている．

第一条　目的

この法律は，消費者教育が，消費者と事業者との間の情報の質及び量並びに交渉力の格差等に起因する消費者被害を防止するとともに，消費者が自らの利益の擁護及び増進のため自主的かつ合理的に行動することができるようその自立を支援する上で重要であることに鑑み，消費者教育の機会が提供されることが消費者の権利であることを踏まえ，消費者教育に関し，基本的理念を定め，並びに国及び地方公共団体の責務等を明らかにするとともに，基本方針の策定その他の消費者教育の推進に関し，必要な事項を定めることにより，消費者教育を総合的かつ一体的に推進し，もって国民の消費生活の安定及び向上に寄与することを目的とする．

ヘルスケア領域においても，医師と患者の関係においては，情報の非対称性が問題であるとの認識において，医療現場においては，患者の権利として，インフォームド・コンセントが保証されるようになってきたが，本法律においても，消費者と事業者との間の情報の非対称性について言及している．消費者と事業者との間における交渉力の格差等に起因する消費者被害を防止することが重要であり，消費者自身が自らの利益の擁護および増進のため自主的かつ合理的に行動することができるよう自立支援のために消費者教育が重要であるとしている．

第二条に以下のように「消費者教育」並びに「消費者市民社会」に関し，定義している．

第二条　定義

この法律において，「消費者教育」とは，消費者の自立を支援するために行われる消費生活に関する教育（消費者が主体的に消費者市民社会に参画することの重要性について理解及び関心を深めるための教育を含む）及びこれに準ずる啓発活動をいう．

2　この法律において，「消費者市民社会」とは，消費者が，個々の消費者の特性および消費生活の多様性を相互に尊重しつつ，自らの消費生活に関する行動が現在及び将来の世代にわたって内外の社会経済情勢及び地球環境に影響を及ぼし得るものであることを自覚して，公正かつ持続可能な社会の形成に積極的に参画する社会をいう．

さらに，第三条基本理念には以下の内容が明記されている．

第三条　基本理念

消費者教育は，消費生活に関する知識を習得し，これを適切な行動に結び付けることができる実践的な能力が育まれることを旨として行われなければならない.

2　消費者教育は，消費者が消費者市民社会を構成する一員として主体的に消費者市民社会の形成に参画し，その発展に寄与することができるよう，その育成を積極的に支援することを旨として行われなければならない.

（　省略　）

5　消費者教育は，消費者の消費生活に関する行動が現在及び将来の世代にわたって内外の社会経済情勢及び地球環境に与える影響に関する情報その他の多角的な視点に立った情報を提供することを旨として行われなければならない.

（　省略　）

7　消費者教育に関する施策を講ずるに当たっては，環境教育，食育，国際理解教育その他の消費生活に関連する教育に関する施策との有機的な連携が図られるよう，必要な配慮がなされなければならない.

基本理念を確認すると，賢い消費者には，消費生活に関する知識を習得し，適切な行動に結び付けることができる実践力を身に付けていることが求められていることが理解できる．また消費者教育においては，社会経済情勢のみならず，地球環境に与える影響も含めた多角的な視点が求められていることが理解できる．したがって，消費者教育に関する施策に当たっては，環境教育，食育，国際理解教育も含まれることが確認できる．つまり，本書で述べているようにグローバルな視点から，環境的視点も含め，食に関する知識を得ることが消費者には求められていることがわかる．これらの消費者教育が普及することにより，ヘルスに関する賢い消費者が増え，消費者のニーズが質的に高いものとなり，市場がより健康的な方向にシフトしていくことが期待される.

2. 食品表示制度の一元化

2009 年 9 月に消費者庁が創設され，厚生労働省から食品衛生法に基づく食品等の表示や健康増進法に基づく栄養表示基準等について，農林水産省から JAS 法に基づく食品表示について，それぞれ消費者庁に移管された．

食品の表示は，消費者基本法において消費者の権利として位置付けられている消費者の安全の確保や消費者の自主的かつ合理的な選択の機会の確保などを図る上で，重要な役割を果たすものであるが，2015 年 4 月 1 日より「食品表示法」が施行され，これまで食品の表示について一般的なルールを定めていた「食品衛生法」，「JAS 法」，「健康増進法」の 3 法の食品の表示に関する包括的一元的な制度が創設された[1]．先の 3 つの法律に基づいて，別々に策定されていた食品の表示基準を統合し，消費者や事業者にわかりやすい表示を実現できるようにしたものである．図Ⅲ-1 に示すのが，これまでの 3 つの法律と新たな食品表示法との関係である．一例として，これまで任意の表示とされていた栄養成分表示は，原則，すべての消費者向けの加工食品，添加物について，熱量，たんぱく質，脂質，炭水化物，ナトリウム（食塩相当量）の 5 成分の表示が義務付けられることとなった．

食品表示法は，食品全般を対象にしており，生鮮食品や加工食品の他，添加物や酒類も対象となる．食品表示基準の全体の体系としては，食品表示法第 4 条第 1 項において，「食品」および「食品関連事業者等」の区分ごとに定めるとされている．これまでそれぞれの法律によってややバラバラであった区分が，今後は食品の区分は①加工食品，②生鮮食品，③添加物の 3 区分に分けられ，また食品関連事業者等については，①食品関連事業者一般消費者用の食品（一般消費者に販売

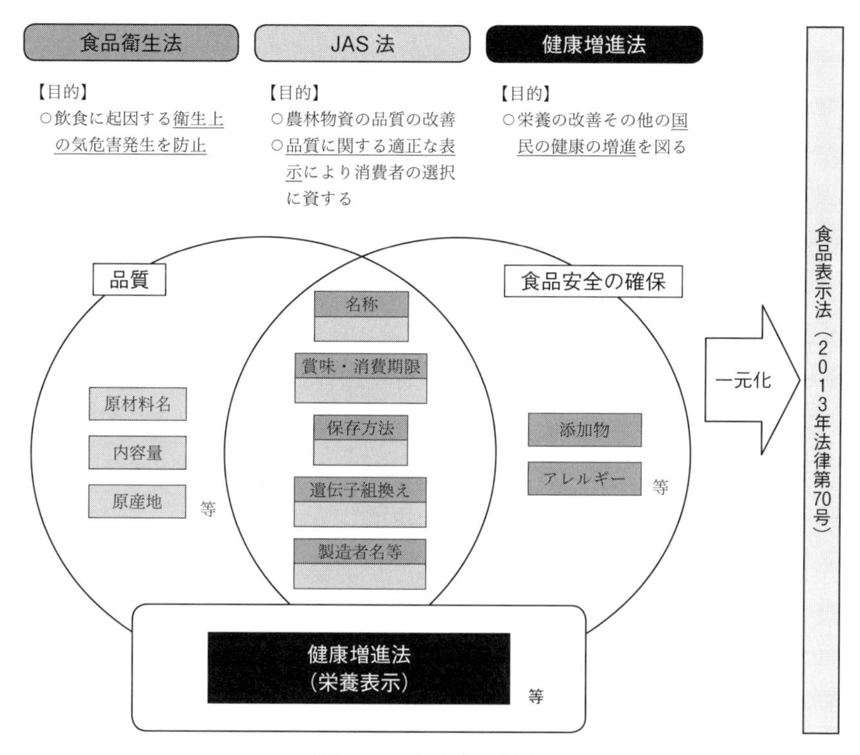

図III-1　食品表示制度

出典：消費者庁『平成 29 年版　消費者白書』202 頁より．著者一部改変．

される形態の食品）を販売する場合，②食品関連事業者が業務用食品（食品製造業者や外食店などに販売される食品）を販売する場合，③食品関連事業者以外の販売者が食品を販売する場合の 3 区分に分けられることとなった．

これまではそれぞれ異なる省庁ごとに別々の法律であったものが，今後は 1 つの法の下，共通の食品表示になることは消費者にとっては大変わかりやすくなり，活用しやすくなることが期待される．事業者側にとっても，担当所管が消費者庁 1 つになったことは色々と便利になることと思われる．

3. 機能性表示食品制度

上記に述べた2015年4月に施行された食品表示法により，機能性表示食品制度が新たに創設された．わが国における「健康食品」は大きく，「国が特定の機能の表示などを許可したもの（保健機能食品）」と「そうでないもの」の2つに分けられている．新たな機能性表示食品制度では，保健機能食品は，①栄養機能食品，②特定保健用食品，および③機能性表示食品の3種類が併存する形となった．図Ⅲ-2はそれぞれの食品に関する関係を示したものである[2)]．いわゆる一般に健康食品と言われるものである，栄養補助食品，健康補助食品，栄養調整食品といった表示で販売されている食品は一般食品として分類され，機能性の表示ができないこととなっている．健康飲料やサプリメントも国の制度として有用性が確認されたものではない点に注意が必要である．

栄養機能食品として機能表示ができる栄養成分は，人間の生命活動に不可欠な栄養素で，かつ科学的根拠が医学的・栄養学的に広く認められ，確立されたものに限られており，全部で20種類あり（17種類であったのが2015年より一部追加），ミネラル（カルシウム，亜鉛，銅，マグネシウム，鉄，カリウム）とビタミン（ナイアシン，パントテン酸，ビオチン，ビタミンA，ビタミンB_1，ビタミンB_2，ビタミンB_6，ビタミンB_{12}，ビタミンC，ビタミンD，ビタミンE，ビタミンK，葉酸），その他n-3系脂肪酸である．栄養機能食品は，特定の栄養成分の補給のために利用される食品で，その栄養成分について機能の表示をしている食品であり，国への許可申請や届出の必要がないため，表示しやすく今後表示が進むものと思われる．

特定保健用食品（通称：トクホ）は，身体の生理学的機能や生物学

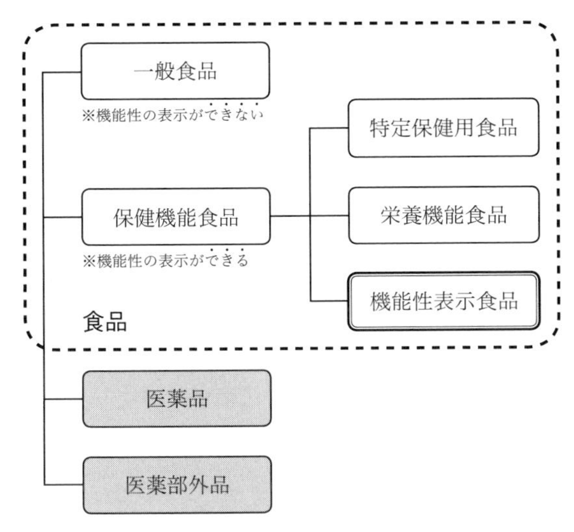

図III-2　機能性表示食品

出典：『平成29年版　消費者白書』205頁より．著者一部改変．

的活動に影響を与える保健機能成分（関与成分）を含む食品で，特定の保健の目的が期待できる旨を表示するもので，健康増進法26条1項の許可または同法29条1項の承認がなされたものである．商品の有効性および安全性については，製品ごとに国（消費者委員会および食品安全委員会）によって審査され，表示については，消費者庁長官の許可または承認を受けている．整腸，血圧，血糖，コレステロールなどについての食品が認められている．特定保健用食品の一部は，特別用途食品制度と保健機能食品制度の両制度で規制されている．特別用途食品は，乳児，幼児，妊産婦，病者等の栄養改善をはかることを目的に使用される食品で，健康増進法に基づいて許可されたものである．現在，特別用途食品には，「病者用食品」，「妊産婦・授乳婦用粉乳」，「乳児用調製粉乳」，「えん下困難者用食品」，および「特定保健用食品」が含まれる．したがって，健康増進法に基づく「特別の用途に適する旨の表示」の許可には特定保健用食品も含まれる[3)].

食品についても様々な種類に類別されるようになってきたことは大変よいことではあるが，まだ十分に消費者に浸透していない感が否めない．トクホについてはヒト型のマークがついているので，消費者も理解しやすく，わかりやすくなっていると思われるが，栄養機能食品や機能性表示食品についてはどうであろうか．まだ十分に本制度が理解されていないと思われる．今後は，消費者教育を進めながら，もう少しトクホのようにわかりやすい表示を検討するなどして，本制度が普及することが期待される．

また，サプリメントや健康飲料などは，国の制度上は一般食品であるということについても，消費者の理解が十分ではなく，事業者も，消費者の不十分な認識に便乗している場合も少なくないように思われる．事業者も今後は真の人々の健康につながる食品開発を積極的に行い，本制度の充実を図っていただきたいところである．

4. 国民生活センター越境消費者センター（CCJ）

グローバル化が進む中，消費者がインターネット経由で気軽に海外事業者と取引できるようになったこと等により，海外事業者とのトラブルが発生してきているなか，消費者庁では，消費生活センター等における相談受付機能を補完するため，2013 年 11 月から 2015 年 3 月まで「消費者庁越境消費者センター」を開設し，越境消費者取引でのトラブルに関する相談対応および海外の消費者相談機関との連携体制の構築に関する実証調査を行ってきた．この期間に延べ 1 万件を超える相談に応じるなど越境消費者トラブルの解決支援に大きな役割を果たしたことから，多くのニーズに応えるため，2015 年 4 月からは，相談体制を整備し，事業として恒常的に行っていくことを目的として，

表III-1　国民生活センター越境消費者センター（CCJ）が連携する海外機関

国・地域	機関名
アメリカ，カナダ	CBBB（The Council of Better Business Bureaus）
韓国	韓国消費者院（Korea Consumer Agency）
台湾	SOSA（Secure Online Shopping Association）
シンガポール	シンガポール消費者協会（Consumer Association of Singapore）
ベトナム	EcomViet（Vietnam E-commerce Development Center）
タイ	消費者保護委員会事務局（Office of the Consumer Protection Board）
フィリピン	貿易産業省（Department of Trade and Industry）
マレーシア	NCCC（National Consumer Complaints Center）
スペイン	IusMediare（Instituto Internacional de Derecho y Mediacion, SL）
ロシア	Center for Mediation and Law（Scientific and Methodological Center for Mediation and Law）
イギリス	CTSI（Chartered Trading Standards Institute）
南米10か国*	Elstituto（Instituto Latinoamericano de Comercio Electronico）

*アルゼンチン，ブラジル，コロンビア，ベネズエラ，エクアドル，ペルー，パラグアイ，メキシコ，チリ，ドミニカ

出典：消費者庁『平成29年版　消費者白書』より．

国民生活センターに移管し，「国民生活センター越境消費者センター（CCJ：Cross-border Consumer center Japan）」と名称変更して，引き続き活動が行われている[4)]．

2016年度にCCJに寄せられた越境消費者相談の件数は4473件であり，2013年以降4000件を超えている実態となっており，相談が寄せられた取引のほとんど（98%）がオンラインショッピングに関するものであり，決済手段はクレジットカード決済が約8割を占めている．また，相手方事業者の所在地としては，アメリカが最も多く，続いてイ

ギリス，中国の順で，これら3か国で全体の約7割を占めている[5)].

また，海外の消費者相談機関に対して何らかの形で対応依頼を行い，トラブル解決に至った件数は135件となっており，越境消費者トラブルの場合，海外消費者相談機関との連携がトラブル解決に効果的であったことから，消費者庁および国民生活センターでは，CCJの連携する海外消費者相談機関の拡充および連携強化のための取組を行ってきている．現在，CCJが連携する海外機関は表Ⅲ-1に示す通りとなっており，国際連携が強化されつつある．今後，情報化やグローバル化がますます伸展する中，わが国における越境取引は一層増加し，それに伴い，さらなる越境消費者トラブルの増加も見込まれるとしており，今後もCCJの国際的な連携体制の拡充・強化を図っていくこととしている．

サプリメントや健康飲料などについてもすでに海外から購入する消費者が少なくなく，トラブルに遭遇している消費者もいると思われる．直接体内に取り込む食品については特に注意が必要であると思われ，一度被害にあった場合には，深刻な結果にもなりかねない．今後はより多くの国々との連携・協力を通して，グローバル市場に対応可能な消費者保護の体制の確立が一層進むことを期待したい．

5. 食の安全性に関する国際標準化の流れ
——HACCPとグローバルGAP

食のグローバル化が進む中，食の安全性の保証に対する関心が高まってきており，国際標準化の流れが進んできている．以下，代表的なHACCPとグローバルGAPについて確認してみたい．

1）HACCP

「食」に関する国際化が加速化してきている中で，食品衛生管理の国際標準であるHACCP（Hazard Analysis and Critical Control Point：ハサップ）の導入を求める動きが強化されてきている．HACCPとは，食品の製造・加工工程のあらゆる段階で発生するおそれのある微生物汚染等の危害をあらかじめ分析（Hazard Analysis）し，その結果に基づいて，製造工程のどの段階でどのような対策を講じればより安全な製品を得ることができるかという重要管理点（Critical Control Point）を定め，これを連続的に監視することにより製品の安全を確保する衛生管理の手法である[6)]．

HACCPは，前述したように安全で衛生的な食品を製造するための管理方法の1つで，問題のある製品の出荷を未然に防ぐことが可能なシステムであり，国連の国連食糧農業機関（FAO）と世界保健機関（WHO）の合同機関である食品規格（コーデックス）委員会から発表され，各国にその採用を推奨している国際的に認められたものである．まさに食品衛生管理のための国際標準と言える．

すでに食品衛生の一般原則（General Principles of Food Hygiene CAC/RCP）が示されており，この原則は，食品の連鎖（プライマリ・プロダクションから最終的な消費までを含む）過程における食品の適切な衛生に関する原則を示したものである．ここでいうプライマリ・プロダクション（Primary Production）とは，食品の連鎖における収穫や，畜殺，搾乳や漁業などの最初のステップを意味する．原則では，HACCPに基づく食品の安全性を強化する取り組みが推奨されており，同時に，施設・設備に対し，水の供給，排水やごみの処理，清掃，個人の衛生設備やトイレ，温度管理，空調の質と換気，照明，貯蔵・保管等の衛生環境の改善も求めている．

HACCPを導入するメリットとしては，クレームやロス率が下がり，品質のばらつきが少なくなる，取引先からの評価が上がる，衛星管理のポイントを明確にして記録も残すことで，従業員の経験や勘に頼らない安定した安全な製品が作れるようになる，工程ごとに確認すべきことが明確になる，授業員のモチベーションが上がり現場の状況が把握しやすくなる，等の効果があるとされている．HACCP 方式では，7 原則 12 手順に沿って進めることが推奨されている（手順 1：HACCP チームの編成，手順 2：製品説明書の作成，手順 3：意図する用途及び対象となる消費者の確認，手順 4：製造工程一覧図の作成，手順 5：製造工程一覧図の現場確認，手順 6－原則 1：危害要因の分析（食中毒菌，化学物質，危険異物等），手順 7－原則 2：重要管理点の決定（つけない，増やさない，殺菌する等の工程手順），手順 8－原則 3：管理基準の設定（温度，時間，速度等），手順 9－原則 4：モニタリング方法の設定（温度計，時計等），手順 10－原則 5：改善措置の設定（廃棄，再加熱等），手順 11－原則 6：検証方法の設定（記録，検査等），手順 12－原則 7：記録と保存方法の設定）．

さらに厚生労働省では，中小規模の食品製造事業者向け，13 種類の食品製造における HACCP 入門のための手引書を作成し，公表している（全 13 種類：乳・乳製品編，食肉製品編，清涼飲料水編，水産加工食品編，容器包装詰加圧加熱殺菌食品編，大量調理施設編，と畜・食鳥肉処理編，食鳥処理・食鳥肉処理編，漬物編，生菓子編，焼菓子編，豆腐編，麺類編）[7]．

今後は，食品の大幅な輸出促進が求められる中で，海外から求められる安全規準に対応可能な HACCP の普及が不可欠となってくることが予測される．消費者もこの制度の理解を通して，食の安心・安全を保障すべく国際衛生管理基準を順守している企業を求める動きを活性化させる一役を担うことが一層求められてくると思われる．

2）グローバル GAP の普及

2020 年開催の東京オリンピック・パラリンピックに向け，様々なことに関し着々と準備が進められている中，食品に関する国際標準化の議論も盛んになってきている．2012 年のロンドンオリンピック・パラリンピックにおいて，グローバル GAP（Good Agricultural Practice）認証は「オリンピック調達基準」とされた．よって，東京オリンピック・パラリンピック開催時に提供される食材は，安全に関わる農産物の国際認証であるグローバル GAP を受けた生産者による食品であることが次第に求められるようになってきている．国境を越えて物や人が自由に行き交うグローバルな時代には，国を超えた共通のルールによる認証が今まで以上に強く求められてきた．前述した食品衛生管理手法である HACCP とセットで，食に関する国際標準化が世界的に普及してきている．

グローバル GAP の取得によるメリットとしては，①国際標準の生産工程管理を行う生産者として販路拡大にアピール可能．インバウンドに対する PR にも活用できる．②生産工程が明確になることによる生産性の向上．適切な肥料，農薬などの散布によるコスト低減と収量の増加．③「食の安全」，「環境保全」，「労働の安全」に対する意識の向上．生産者としての責任を果たすことによる社会的信用・信頼の確保．④消費者や取引先からの問い合わせ，苦情等に迅速，かつ適切に対応．危機対応による信頼の獲得等があげられる．わが国においては，GAP 普及推進機構が中心となり，認証取得に向けた様々な具体的支援等を行っている[8]．

2014 年 7 月，持続可能な農業イニシアティブプラットホーム（SAI Platform）と国際貿易センター（ITC）は，「GAP を通じて世界の食料安全保障の実現に取り組むアブダビ宣言」を開始した．本宣言は，食品産業界のすべての主要な市場関係者をまとめることにより，増大している世界の食料安全保障と安全の課題に応えて，実際的で実行可能な解決策を明らかにし，調整し，実施することを目的としている．

アブダビ宣言では，具体的には，①共通の GAP 基準，②すべてのステークホルダーが認識している農場のすべてを，個別に特定するシステム，③サプライチェーンの参加者による公約の確保と，報告を確実にする仕組みの 3 つの重要な基準が作成された．

以上のように，わが国のみならず世界中で食をめぐる質保証のための標準化の動きが加速化し国際認証が進む中，この他にも食に関する安全性の強化が進められている．消費者庁から昨年末に，「加工食品の原料原産地表示制度に関する検討会中間とりまとめ報告書」が出されている[9]．報告書では，急速にグローバル化する日本の食市場において，国産品だけではなく様々な国の原材料を用いた加工食品が流通しており，消費者が表示による情報を通じて食品を選択している現状の中で，消費者利益の観点から，加工食品の原材料についてもできる限り情報を提供し，食品選択に資する情報が得やすいよう環境整備をしていくことを求めている．

食品は世界中のすべての人間が生きていくために不可欠であり，また食品は，生まれてから死ぬまで一生涯，ほぼ毎日世界中の人々の健康に貢献していることに気づく．ということは，私達の体中に直接取り込まれる食品の安全性は，世界中の人々にとって共通の課題であり，大変重要なことであることは間違いない．この機会にグローバル化が進み，標準化されることを願っている．

6. 地理的表示保護制度

2015 年 6 月 1 日より「特定農林水産物等の名称の保護に関する法律（地理的表示法）」が施行され，地理的表示保護制度が運用を開始した．地理的表示保護制度とは，地域で育まれた伝統と特性を有する農林水産物・食品のうち，品質等の特性が産地と結び付いており，その結び付きを特定できるような名称（地理的表示）が付されているものについて，その地理的表示を知的財産として国に登録することができる制度である[10)].

地理的表示（GI：Geographical Indication）は国際的に広く認知されており，世界100か国以上ですでに地理的表示に対する独立した保護を与えている．EUで地理的表示登録されている産品の一例としては，牛肉・畜産加工品として，プロシュート・ディ・パルマ（イタリア）がある．パルマ地方の豚モモ肉と，塩のみを原料とした生ハムであり，カットした生ハムはピンク色から赤色で脂肪部分は白く，繊細でまろやかな甘みと軽い塩味，独特の芳醇な香りが特徴である．さらに地域との結び付きとしては，パルマの丘陵付近で生産された生ハムのみが，プロシュート・ディ・パルマとして認可され，王冠型の焼印を受けられる．アペニン山脈から丘陵に吹くそよ風が空気を乾燥させ，伝統的な製法で，何世紀にもわたり，生ハムの製造を可能にしてきたことがあげられる．プロシュート・ディ・パルマは，日本においても高級食材店やレストランなどで見かけることがあるが，今後は日本の産品についても国が品質を保証し，世界に発信していこうとするものである．

本制度の枠組みは，①「地理的表示」を生産地や品質等の基準とともに登録し，②基準を満たすものに「地理的表示」の使用を認め，GIマークを与え，③不正な地理的表示の使用は行政が取締り，④生産者は登録された団体への加入等により「地理的表示」使用可となるものである．制度の効果としては，産品の品質について国が「お墨付き」を与え，品質を守るもののみが市場に流通し，GIマークにより，他の産品との差別化が図られ，訴訟等の負担なく，自分たちのブランドを守ることが可能となり，地域共有の財産として，地域の生産者全体が使用可能となることとしている．登録標章である日本地理的表示

(JAPAN GI) マークは，登録された産品の地理的表示と併せて付すものであり，産品の確立した特性と地域との結び付きが見られる真正な地理的表示産品であることを証するものとして，日本国内はもとより世界に認知されていくことが期待されている．

制度の対象となる農林水産物等は，①農林水産物（食用に供されるものに限る），②農林水産物を除く飲食料品（パン，麺類，惣菜，豆腐，菓子，砂糖，塩・調味料，清涼飲料水，魚の干物，なたね油やとうもろこし油等），③食用ではない農林水産物（観賞用の植物，立木竹，工芸農作物，真珠，観賞用の魚等），④飲食料品を除く加工品（飼料，漆，竹材，精油，木炭，木材，畳表，生糸等）であり，③，④については政令で指定した13品目が対象となる．また，酒類，医薬品，医薬部外品，化粧品および再生医療等製品は除くこととなっている．

全国の様々な地域において，気候や風土，地域で長年育まれてきた特別な生産方法によって，高い品質や評価を獲得するに至った産品は，「地域ブランド商品」としてこれまでも地域活性化の重要なツールとされてきた．今後は行政による公的な保護を通じて，産品の適切な評価を維持し，その財産的価値の維持向上を目指すとともに，需要者が抱く産品への信頼の保護を図っていくことを目的とする本制度の普及により，私達の身近なところでGIマークを目にする日も近いと思われる．

7. 食品業界

食品業界の最近の動向はどのようになっているのだろうか．いくつかの食品に関する業界について見てみたい．

1）健康・機能性食品

日経Value Researchによると[11]，健康食品については前述したように法に規制や厳密な定義がないため，市場においても，健康食品の定義の仕方によって様々な推測値が公表されているとしている．高齢化社会の進展に伴い，健康ブームにのり，市場における健康食品の需要拡大は確実と評価している．具体的には，関節炎の予防効果が期待されるコンドロイチンやグルコサミン，カルシウムなどを含む健康食品の市場拡大に対し，特定保健用健康食品（トクホ）はやや市場は縮小気味であると分析している．トクホの場合には，トクホ表示の許可を得るためには詳細な科学的データをそろえなければならないため，製品開発に費用がかさむことを指摘している．特に2009年の花王の「エコナ問題」により，消費者のトクホを見る眼が厳しくなったことを挙げている．エコナ問題は，トクホ商品であったが，脂肪がつきにくいとされる食用油の成分に発がん性がある可能性が示唆された問題である．

また，今後の市場成長を左右しそうなのが，「機能性表示食品制度」であると分析している．先に紹介したように，新しい制度であるが，企業はトクホより開発費を抑えられ，多様な加工食品に広げられるとみて，製品投入に意欲的な傾向が見られるとしている．特に，ノンアルコール市場での競争が激しさを増しているとしている．

これらの動向を概観してみると，食品の表示制度に敏感なのはやはり消費者ではなく，製品を開発する企業側のようである．市場は消費者のニーズにより決定される部分が多いが，より専門的知識が必要な領域や，制度がやや複雑な分野においては，企業が消費者を牽引しているような感が否めない．医療や健康に関する分野，つまりヘルスの分野においては，専門性が高く，知識も必要とされるため，消費者教育は欠かせない要素と思われる．もう少し消費者教育を充実させていくことにより市場も変化するのではないかと思う．

2）加工食品

次に加工食品について見てみたい．四季報による加工食品業界分析では，今後の加工食品業界に求められるものとして，時短・簡便，そして健康志向への対応と海外での成長が重要であると分析している[12)]．健康志向への高まりが大きな流れの1つであるとしている．乳酸菌入りのチョコレートや甘酒など，健康効果をうたった商品が大ヒットし，米菓や即席麺など，体によいイメージが比較的薄い分野においても，塩分や糖分を減らした商品が，高単価でありながら売れ続けており，高齢化や所得の二極化に伴い，ブームから1つの分化として定着しつつあると分析している．

また日本企業のグローバル化についても，営業利益の7割超えを海外で稼ぐキッコーマンを筆頭に，海外事業の拡大も進んでいるとしている．カルビーはシリアルの「フルグラ」を中国のEC（電子商取引）サイトで拡販させ，江崎グリコも中国やタイで「ポッキー」などの主力品を売り込む等，海を越えた日本企業の挑戦が活性化しているとしている．

一方海外の加工食品業界では，大型再編が相次いでいると日経Value Searchが分析している[13)]．例として，アメリカ食品大手クラフト・フーズ・グループと同業HJハインツが2015年に合併し，新会社「クラフト・ハインツ」が誕生していることを取り上げている．アメリカ加工食品の業界全体が伸び悩む中，新会社は生産施設合理化や予算管理見直し，重複業務整理で経費削減を目指す．また組織統合による売り上げ拡大にも期待しており，クラフトが売上高の大半を北米で稼ぐ一方，ハインツは6割を海外で稼いでおり，互いの強みを活用するとしている．

また，食品世界大手ネスレ（スイス）は，クランチやバターフィンガーなどのブランドを持つアメリカの菓子事業について事業売却も視野に撤退する方向で検討しており，伸び率が鈍化し成長が見込みにくい分野を手放し，成長率の高い健康食品やコーヒー，乳児食品分野でM＆Aなどを手がけていると分析している．

加工食品業界における国内企業および海外企業の動向から見えてくるのは，市場をグローバルに展開するという視点からの戦略が必要とされていること，加工食品における今後のキーワードが「健康」であることの2点ではないだろうか．今後は世界各国の加工食品業界においては，ますます，様々な国と国，企業と企業による買収や連携が加速化することと思われる．また食品開発においては，「健康」の視点からのアプローチがグローバル化のキーワードとなることは間違いないと思われる．

8. 加工食品の表示

すでに述べた通り，食品は加工食品，生鮮食品，添加物に大別されるが，加工食品には様々な食品が含まれる．加工食品は，「製造又は加工された食品」と定義され，調味や加熱等をしたものが該当し，具体的には以下の食品表示基準別表第1（表III-2）に掲げられたものをいう[14]．全部で25種類に分類されている．先に加工食品業界動向について概観したが，本表を見てもわかる通り，かなりの種類の加工食品がある．

加工食品に表示すべき事項は，食品表示基準に基づき，「名称」，「原材料名」，「添加物」，「原料原産地名」，「内容量」，「賞味期限又は消費期限」，「保存方法」，「原産国名（輸入品のみ）」，「製造者等の氏名又は名称及び住所（輸入品にあっては，輸入者）」，「栄養成分表示」，「ア

表Ⅲ-2 加工食品に分類される食品（食品表示基準別表第 1）

1. 麦類：精麦
2. 粉類：米粉，雑穀粉，豆粉，いも粉，調製製粉，その他の粉類
3. でん粉：小麦でん粉，とうもろこしでん粉，甘しょでん粉，ばれいしょでん粉，タピオカでん粉，サゴでん粉，その他のでん粉
4. 野菜加工品：野菜缶・瓶詰，トマト加工品，きのこ類加工品，塩蔵野菜（漬物を除く），野菜漬物，野菜冷凍食品，乾燥野菜，野菜つくだ煮，その他の野菜加工品
5. 果実加工品：果実缶・瓶詰，ジャム・マーマレード及び果実バター，果実漬物，乾燥果実，果実冷凍食品，その他の果実加工品
6. 茶，コーヒー及びココアの調製品：茶，コーヒー製品，ココア製品
7. 香辛料：ブラックペッパー，ホワイトペッパー，レッドペッパー，シナモン（桂皮），クローブ（丁子），ナツメグ（肉ずく），サフラン，ローレル（月桂葉），パプリカ，オールスパイス（百味こしょう），さんしょう，カレー粉，からし粉，わさび粉，しょうが，その他の香辛料
8. めん・パン類：めん類，パン類
9. 穀類加工品：アルファー化穀類，米加工品，オートミール，パン粉，ふ，麦茶，その他の穀類加工品
10. 菓子類：ビスケット類，焼き菓子，米菓，油菓子，和生菓子，洋生菓子，半生菓子，キャンデー類，チョコレート類，チューインガム類，砂糖漬菓子，スナック菓子，冷菓，その他の菓子類
11. 豆類の調製品：あん，煮豆・油揚げ類，ゆば，凍り豆腐，納豆，きなこ，ピーナッツ製品，いり豆，その他の豆類の調製品
12. 砂糖類：砂糖，糖みつ，糖類
13. その他の農産加工品：こんにゃく，その他 1 から 12 に分類されない農産加工食品
14. 食肉製品：加工食肉製品，鳥獣肉の缶・瓶詰，加工鳥獣肉冷凍食品，その他の食肉製品
15. 酪農製品：牛乳，加工乳，乳飲料，練乳及び濃縮乳，粉乳，はっ酵乳及び乳酸菌飲料，バター，チーズ，アイスクリーム類，その他の酪農製品
16. 加工卵製品：鶏卵の加工製品，その他の加工卵製品
17. その他の畜産加工品：蜂蜜，その他 14 から 16 に分類されない畜産加工食品
18. 加工魚介類：素干魚介類，塩干魚介類，煮干魚介類，塩蔵魚介類，缶詰魚介類，加工水産物冷凍食品，練り製品，その他の加工魚介類
19. 加工海藻類：こんぶ，こんぶ加工品，干しのり，のり加工品，干しわかめ類，干ひじき，干あらめ，寒天，その他の加工海藻類
20. その他の水産加工食品：その他 18 及び 19 に分類されない水産加工食品
21. 調味料及びスープ：食塩，みそ，しょうゆ，ソース，食酢，調味料関連製品，スープ，その他の調味料及びスープ

22. 食用油脂：食用植物油脂，食用動物油脂，食用加工油脂
23. 調理食品：調理冷凍食品，チルド食品，レトルトパウチ食品，弁当，そうざい，その他の調理食品
24. その他の加工食品：イースト，植物性たんぱく及び調味植物性たんぱく，麦芽及び麦芽抽出物及び麦芽シロップ，粉末ジュース，その他21から23に分類されない加工食品
25. 飲料等：飲料水，清涼飲料，水，その他の飲料

出典：食品表示検定協会『食品表示検定認定テキスト』2017，356-367頁より．

レルゲンを含む旨（7品目）」，「遺伝子組み換え食品を使用した旨」等が規定されている．

これらの分類を見てみると，例えば，香辛料などについては，世界各国においては，その他に区分される様々なスパイスがまだ多くあるのでないだろうか．今後は，加工食品に関するグローバル化はますます盛んになると思われる．その国その国で食されている植物などの種類については，日本ではまだ馴染みのないものもあることと思われる．25分類のそれぞれが，膨大な種類の食品のリストとなることは近い将来確実であろう．急激に進む食のグローバル化に対応できるよう，各国の食に関する文化や情報を収集し，国民や企業等に対し情報提供していくことも，関係機関等の役割として今後は必要になってくると思われる．

9. 健康食品，サプリメント

多くの人々が使用している健康食品やサプリメントという言葉には厳格な定義はなく，一般に健康食品とは「健康の保持増進に資する食品全般」が該当し，またサプリメントは「特定成分が濃縮された錠剤やカプセル形態の製品」が該当するとされている．しかし，明確な定義がないため，一般の消費者が認識している健康食品やサプリメント

は，通常の食材から菓子や飲料，薬品と類似した錠剤・カプセルまできわめて多岐にわたっている．アメリカではFDA（米国食品医薬品庁）が食品行政や薬務行政を所管しており，医薬品（Drug），食品(Food)，ダイエタリーサプリメント（Dietary Supplement）の3つに分類している．また「健康食品（Health Food)」や「機能性食品(Functional Food)」といった用語の定義はない．ダイエタリーサプリメント（Dietary Supplement）は，「食物成分を含む口で摂取される製品の一つであり，食物成分とは，ビタミン，ミネラル，アミノ酸，および食事を補うために使用可能な物質が含まれる」と定義されている[15]．わが国の食品の分類とやや異なっており，アメリカでは食品とサプリメントが分かれているところが大きな違いである．

近年，日本でもよく耳にするようになってきた言葉に「ファイトケミカル」がある．第7の栄養素と言われるファイトケミカルの語源は，ファイトはギリシャ語で「植物」を意味し，植物が紫外線や虫などから自らを守るために作り出した化学物資で，「色」，「香り」，「苦み」などの成分である．人体はファイトケミカルを自ら作り出すことはできないが，これらを含む植物を食べることでその力を取り入れ，様々な病気や老化の予防に役立つことが期待されている．ファイトケミカルはまた，人の体内で免疫力，抗菌，抗炎症，抗酸化作用等として働くことが期待されており，特に注目されるのは，活性酸素の発生を抑えたり，除去する抗酸化作用で，LDL（悪玉）コレステロールの酸化を防ぎ，動脈硬化を予防したり，老化やがんの発生，アレルギーなどに対しても予防効果があるとされている．最近ではレスベラトロールなどがアンチエイジングの領域において効果があるなど，アメリカなどを中心に盛んに研究が行われている．

ファイトケミカルの数は数千～1万種類にのぼり，大きく分類すると，ポリフェノール群，カロテノイド群，硫黄化合物群になる[16]．特

表III-3　ファイトケミカルの大分類表

ファイトケミカル	系統・グループ	成分を含む主な食品
ポリフェノール群（光合成によってできた色素成分と渋み，苦み，えぐみの成分）	フラボノイド系（色素系成分） カルタミン，ヘスペリジン，ルテオリン，ケルセチン（黄色～褐色），ルチン（黄褐色），フスチン，アルビノン，アンペロプチン，カテキン，ゲニステイン，ダイゼイン，アントシアニン（赤紫色），アントシアニジン，レスベラトロール	明日葉，温州みかんの皮，袋，すじ，しそ，春菊，セロリ，ピーマン，そば，アスパラガス，緑茶，紅茶，ウーロン茶，カカオ，ハゼノキ，ハナミョウガ，大豆類，ブルーベリー，ぶどう，なすの皮，赤しそ，紫いも，小豆，ぶどうの実の皮や種子，タデ科のイタドリ，ピーナッツ等
	フェノール酸系（色素以外の成分） セサミン，セサモリン，セサミノール配糖体，クマリン，クルクミン，クロロゲン酸，ロズマリン酸，エラグ酸，タンニン類	ごま，サクラの葉，パセリ，にんじん，もも，フジバカマ，ターメリック（ウコン），しょうが，コーヒー豆，ごぼう，さつまいも，シソ科（しそ，レモンバーム，ローズマリー），クミスクチン，いちご，ざくろ，りんご，赤ラズベリー，タラの実，栗，ユーカリ，カシの実や没食子（もっしょくし）などのタンニン等
カロテノイド群（植物，動物，微生物などが持つ黄色，赤色，紫色などの色素および，辛み，苦み，香り成分の総称）	カロテン類（炭素と水素を含む化合物） α-カロテン，β-カロテン，リコピン	にんじんなどの黄色野菜，緑黄色野菜，かぼちゃ，明日葉，トマト，スイカ，柿等
	キサントフィル群（炭素と水素と酸素を含む化合物） ルテイン，ゼアキサンチン，アスタキサンチン，カプサイチン，クリプトキサンチン，カプサイシン	とうもろこし，卵黄，ケール，ほうれん草，ブロッコリー，キャベツ，豆類，マリーゴールド，とうもろこしの種子，サケ，イクラ，エビ，カニ，オキアミなどの赤色の魚介類（および海藻類），赤ピーマンや赤唐辛子などの色素，みかんなどの柑橘類，

		唐辛子などの辛み成分等
硫黄化合物群（にんにくやねぎなどの刺激のある香り成分の総称）	システインスルホキシド類（アリシン，メチルシステインスルホキシド，アリルメチルトリスルフィド，ジアリルスルフィド，アリイン，アホエン，硫化アリル，シクロアリイン	にんにく，玉ねぎ，らっきょう，にら，ねぎ，玉ねぎの刺激臭や辛み成分，涙が出る成分等
	イソチオシアネート類（スルフォラファン，アリルイソチオシアネート，イソチオシアネート）	キャベツ，大根，ブロッコリーの新芽などの辛み成分，わさびの辛みの主成分，かぶ等
	ポリスルフィド類（レンチオニン）	しいたけの香り成分
その他	テルペン類（リモネンなど）	レモンなどの柑橘系の果皮に含まれる香りの成分

出典：日本サプリメント協会『サプリメント健康事典』より．著者一部改変．

徴として，ポリフェノール群のフラボノイド系は，水溶性で，細胞内外の水分の多い部分や血液などの体液を守るために働き，カロテノイド群は脂溶性で，体内の脂質の部分や細胞膜を守るために働くとされている．表Ⅲ-3はファイトケミカルの分類表となっている．一見，複雑で難解そうであるが，主な食品は私達が日常よく食べているものが多く含まれていることがわかる．つまり，毎日の食生活の中で，ファイトケミカルを上手に体内に取り入れていくことは，賢い消費者にとっては必要な知識ではないだろうか．

一方，サプリメントは，錠剤・カプセル状の製品も多いため，医薬品と誤解して病気の治療目的に使われやすく，また，特定の成分が濃縮されているため，日常食べている食品よりもからだへの作用が強くなることもあり，健康被害もこれまで起きている[17]．表Ⅲ-4が健康食品に添加されている成分と医薬品の相互作用が想定される主な事例

表III-4　健康食品に添付されている成分と医薬品の相互作用が想定される主な事例

健康食品に添付されている成分		医薬品成分	影響
ビタミン類	ビタミンB6	フェニトイン（抗てんかん薬）	薬効の減弱
	葉酸	葉酸代謝拮抗薬（抗がん剤）	薬効の減弱
		フルオロウラシル，カペシタビンなど（抗がん剤）	薬効の増強
	ビタミンK（青汁，クロレラを含む）	クルファリン（抗凝固剤）	薬効の減弱
	ビタミンC	アセタゾラミド（抗てんかん薬）	腎・尿路結石のおそれ
	ナイアシン	HMG-COA還元酵素阻害薬（高コレステロール血症治療薬）	副作用の増強（急激な腎機能悪化を伴う横紋筋融解症）
	ビタミンD	ジギタリス製剤（心不全治療薬）	薬効の増強
ミネラル類	カルシウム	活性型ビタミンD3製剤（骨粗鬆症薬）	腸管からのカルシウム吸収を促進
		ジギタリス製剤（心不全治療薬）	薬効の増強
		ビスホスホネート系製剤（骨粗鬆症薬），テトラサイクリン系抗菌剤（抗生物質），ニューキノロン系抗菌薬など（抗生物質）	薬効の減弱
	マグネシウム	テトラサイクリン系抗菌剤（抗生物質），ニューキノロン系抗菌薬など（抗生物質），ビスホスホネート系製剤など（骨粗鬆症薬）	薬効の減弱

	鉄	タンニン酸アルブミン（下痢止め），ビスホスホネート系製剤（骨粗鬆症薬），メチルドパ（降圧薬），テトラサイクリン系抗菌薬（抗生物質），ニューキノロン系抗菌薬など（抗生物質）	薬効の減弱
その他	中性アミノ酸	レボドパ（抗パーキンソン病薬）	薬効の減弱
	コエンザイムQ10	降圧薬，糖尿病治療薬	薬効の増強

出典：厚生労働省医薬食品局食品安全部『健康食品の正しい利用法』より．

となっている．多くの場合，処方する医師が十分にこの関係を理解し，患者に対し注意を促しているが，健康食品と処方されている薬の双方を服用し，食べていることを知っているのは紛れもなく患者自身であり，健康食品の購入者でもある本人であることを考えると，今後はこのような情報については，一般の人々もしっかりと理解しておくことが必要ではないだろうか．またビタミンやミネラルなどは様々な健康食品に含まれているので，あまり注意が喚起されていないが，医薬品との飲み合わせに関する情報などについては，今後はより積極的に情報提供していくべきではないだろうか．

以上のように，健康食品には強みと弱みがあることを多くの人々が理解し，情報を共有し，より賢く利用できるための市場の構築が望まれる．

10. 農福連携

わが国の食料自給率の低さが問題となっていることをご存じだろう

か．農林水産省が示した2014年度食料自給率では，現在2つの指標（生産額ベースとカロリーベース）が使用されているが，いずれの指標においても減少してきていることが問題視されている．1965年には食料自給率（生産額ベース）で86%であったのが，2014年には64%に，同じく1965年には食料自給率（カロリーベース）で73%であったのが，2014年には39%と落ち込んできており，かなり深刻な状況となってきた．これらの数値はいずれも先進国最低水準と言われている[18]．

図Ⅲ-3は諸外国の食料自給率であるが，カロリーベースでは，カナダは264%，オーストラリアが223%と大変豊かであるのに続き，アメリカが130%，フランスが127%と十分な自給率を維持している．続くドイツは100%を切ってはいるが95%とほぼ自国で食料を自給できている．低い国としては，イギリス63%，イタリア60%，スイス50%と続いているが，日本はそれより低く，38%ときわめて深刻な状況である．この状態は大変問題であり，他国と何等かの関係性を絶たれた場合，自国では国民の食を満たせないということになる．これらの先進諸国の状況を見る限り，どの国よりも今後はグローバル・フード・ビジネスに積極的に取り組んでいかなければならず，各国の食料事情を研究し，有機的な連携をしっかりと保持していなければ危機的状況にもなりかね得ない．すでに論じているように，人間が生きていくためには，食は最も重要であり，エネルギー源であることを考えると，様々な角度からの検証と工夫が必要である．

食料自給率は，国内の食料消費が国内の農業生産でどの程度賄えているかを示す指標とされ，具体的には国内消費仕向（国内生産＋輸入－輸出±在庫の増減）分の国内生産と定義されている[19]．国内消費仕向及び国内生産をカロリーと金額で換算したものが，それぞれカロリーベースと生産額ベースの食料自給率となる．これらの食料自給

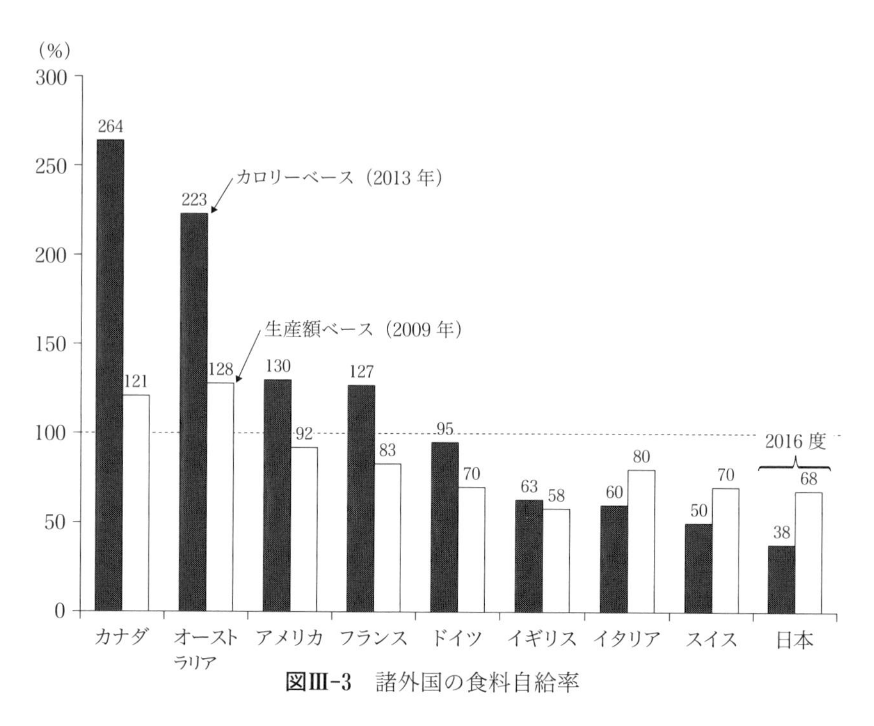

図Ⅲ-3　諸外国の食料自給率

出典：農林水産省ホームページより．

率低下の原因の 1 つは，私達の食生活の大幅な変化にあるとされており，米や野菜など食料自給率の高い食料を中心とした食生活から，畜産物や油脂，加工食品等を多く摂取する食生活へと変化してきたことが原因の 1 つだとされている．単にこれらの食品そのものや原材料や飼料を輸入に頼る場合が多いため，食料自給率が低下する結果となっている．

一方，「一億総活躍社会の実現に向けて緊急に実施すべき対策――成長と分配の好循環の形成に向けて――」（2015 年 11 月）では，高齢者，障がい者等の活躍を促進する方向性が示されており，その 1 つの方策として，地域における高齢者の方の生きがいや介護予防，障がい者や生活困窮者の就労訓練や雇用の場として農業分野の可能性が改めて注目されてきている[20)]．現在，農業・農村の現場では，農業従事者の高齢化などにより，農業労働力の減少や耕作放棄地の増加が課題となっている．農業者の平均年齢は66.3歳（高齢労働省・農林水産省），高齢化は徐々に進み，農業就業人口は，わずか20年足らずで約半数に減少してしまっている．また農業者の高齢化を背景に，農地の荒廃も進み，耕作放棄地は20年前の2倍近くに増え，2015年は42.4万haの面積となってしまっている．

障がい者については，ほぼすべての年齢層で一般より就業率が低く(特に精神障がい者において顕著)，また賃金も少なく，障がい者にとって「働きたくても職場がなかなか見つからない」という状況がある．これら双方の課題を解決しながら，双方に利益があるWin-Winの取組が，「農（業）」と「福（祉）」の連携「農福連携」である．実際，農業は，障がいの特性に応じた作業が可能であること，一般就労に向けた体力・精神面での訓練が可能であること，地域とのつながりがうまれるといったメリットがあることから，障がい者の就労訓練・雇用の場として農作業を取り入れる福祉施設が増加してきている．具体的には，障がい者就労支援事業所のうち，33.5%が農業活動に取り組んでおり，その23.7%が過去4年以内に農業活動への取組を始めたり，ハローワークを通じた農林漁業の職業への障がい者の就職件数は2870件（2014年度）となっており，この5年間で165%と伸びてきている[21)]．

米を中心とした和食は見直されるべきであり，新鮮な野菜やとれたての果物などは体にとっても大変栄養価が高く，健康の保持には重要である．そろそろ一億総活躍するための「食」を取り巻く循環型地域社会の再構築を試みる必要があるのではないだろうか．

11.「和食」のユネスコ認定

すでに触れたが,「和食」がユネスコの無形文化遺産に登録されたことは様々な場面で目にするようになってきているのでご存知の方も多いことと思われる．無形文化遺産とは，芸能や伝統工芸技術などの形のない文化であって，土地の歴史や生活風習などと密接に関わっているもののことである．すでに2010年にはフランスの美食術や地中海料理などが食に関する無形文化遺産に登録されており，日本は「和食；日本人の伝統的な食文化」と題し,「自然の尊重」という日本人の精神を体現した食に関する「社会的慣習」として，2012年にユネスコへ登録申請し，2013年12月に正式に登録された[22].

これを受けて農林水産省では，日本食・食文化の海外普及を打ち出している．340兆円の現在の世界の食市場は，2020年には680兆円に倍増することが予測されており，特に中国・インドを含むアジア全体で考えると，市場規模は2009年の82兆円に比べ，229兆円へと約3倍増が見込まれている．さらに，農林水産省では，先にも述べたが，日本の食文化の普及に取り組みつつ，日本の食産業の海外展開と日本の農林水産物・食品の輸出促進を一体的に展開することにより，グローバルな「食市場」を獲得するため，“FBI戦略”を打ち出している．“FBI”戦略は，世界の料理界での日本食材の活用推進（Made FROM Japan)，日本の「食文化・食産業」の海外展開（Made BY Japan),日本の農林水産物・食品の輸出（Made IN Japan）の取組を一体的に推進することとしている．

「和食」のユネスコ登録概要の特徴としては，①多様で新鮮な食材とその持ち味の尊重，②栄養バランスに優れた健康的な食生活，③自然の美しさや季節の移ろいの表現，④年中行事との密接な関わりを通して，「和食」を料理そのものではなく，「自然を尊ぶ」という日本人の気質に基づいた「食」に関する「習わし」と位置付けている点にある．「①多様で新鮮な食材とその持ち味の尊重」では，具体的には，日本の国土が南北に長く，海，山，里と表情豊かな自然が広がっているため，各地で地域に根差した多様な食材が用いられており，また素材の味わいを活かす調理技術・調理道具が発達しているとしている．「②栄養バランスに優れた健康的な食生活」では一汁三菜を基本とする日本の食事スタイルは理想的な栄養バランスと言われており，日本人の長寿や肥満防止に役立っているとしている．「③自然の美しさや季節の移ろいの表現」では，和食は季節の花や葉などで料理を飾りつけたり，季節に合った調度品や器を利用したりして季節感を楽しむことができるとしている．また，「④年中行事との密接な関わり」では，日本の食文化は，年中行事と密接に関わって育まれてきており，自然の恵みである「食」を分け合い，食の時間を共にすることで，家族や地域の絆が強くなるとしている．

しかしながら，最近の日本人の食に関するスタイルとしては，欧米化が進んでおり，世界的には和食ブームでも実際の日本で生活している日本人は，特に若い世代においては和食に対してあまり関心のない人も少なくない．今一度「和食」の良さをまずは日本で暮らす日本人が再認識する必要があると思われる．日本各地で地域に根差した多様な食材があることを地域全体で受け止め，尊重し，情報発信していく必要があろう．また，日本の食文化は，年中行事と密接に関わって育まれてきていることからも，歴史的に脈々と受け継がれてきている和食を通して，人々のコミュニケーションがより円滑となり，多くの平和に繋がることが期待される．

IV
ヘルスケア・サービスの質保証

ヘルスケア・サービスについては，患者とその家族にとっては，自らまたは愛する家族の心身に関することであるため，また多くの場合，直接命に関わる，または後遺症などで日常生活に変化を生ずる可能性も高く，関心度は高い．しかしながら，ヘルスケア・サービスは，医療という最も研究も盛んで，専門性が高い領域であるため，他のヘルス・ビジネスと異なり，情報の非対称はなかなか埋められない．患者や家族の医療に対する関心は高くとも，また実際にヘルスケア・サービスに対する対価を支払っていたとしても，厳しい評価者の眼を持つことはなかなか難しいのが現実である．

1．患者の満足度

病院などの医療機関においては，医療のアウトカムの指標の１つとして患者満足度を測定し，病院のレベルや質を院内において検証しているところも見受けられる．最終的にヘルスケア・サービスを購入した医療消費者である患者とその家族が，どの程度満足したかは大変重要な指標である．各病院では，患者の満足向上への取組として，①インフォームド・コンセント（説明と同意）の徹底，②患者の安全の確保に努める，③わかりやすく見やすい表示を心がける，④待ち時間対策を講じる，⑤医療相談や苦情処理窓口の設置，⑥投書箱と患者アンケートの実施，⑦利便性の向上，⑧プライバシーの確保，⑨療養環境の整備，⑩職員教育の充実などを行っている[1)]．具体的な各項目の内容は以下の表Ⅳ-1のようになっている．

この他にも患者の満足度の向上への取組としては，TQM（Total Quality Management）や地域活動，入院案内のしおりの工夫，患者のQOL（Quality of Life：生活の質）の向上や日常生活の確保，患者の権利の明文化や医師の倫理性や教育などについても病院が取り組むべき事項として取り上げられている．特に医師については，倫理的対応や病院の理念，組織としての方向性やリスクマネジメントの理解をした上で医療に携わることが望ましいとされている．病院で働く医師として，社会性を身に付け，組織人として，就業規則に基づき，診療開始時間，病棟回診など基本的なことをしっかりと義務として果たせるよう，病院として規定化していることが示されている．

具体的な院内における満足度向上への取組内容を見てみると，病院という場には様々なサービスが関わっていることがわかる．清掃や駐車場の整備，バリアフリーであること，病室の温度や換気など，様々な業種によるサービスが関わっている．直接的な治療やケアは医師や看護師等の専門職が提供するが，治療や検査を行う診察室や検査室，手術室や病棟などの諸環境の整備も病院にとっては重要な視点であることについての確認が必要である．

また，さらに病院が患者の満足度を向上させるための取組としては，第三者による病院評価等を受けることが必要であるとされている．患者中心の医療の視点から，第三者が患者とその家族に代わって，病院を評価する取組は医療の質を保証する上で大変重要であると思われる．

表IV-1　全日本病院協会　満足度向上への取組　みんなの医療ガイド（一部）

① インフォームド・コンセント
医療提供側は，患者が十分に納得するまで説明をするよう心がけています．インフォームド・コンセントは，患者が本当に理解し，了解したことを確認して医療を進めることです．患者が積極的に医療に参加し，相互協力，共同作業で医療を進めることが大切です．当然のことですが，病状，治療計画，予測される効果やリスクなどを説明しますが，その場所やプライバシー保護への配慮，患者の立場，平易な言葉使い，資料・図の活用，心理的側面などを配慮するよう努力しております．

② 患者の安全確保
患者の安全確保のため，委員会などの活動体制と責任体制の明確化をこころがけています．方針と手順を文書化し，適宜改定し，医療に携わる全職員に周知されるように心がけています．

③ 表示
受付や案内などの接遇には特に配慮し，言葉使いや身だしなみをはじめとする，接遇教育を重視しております．診療担当医の案内など，診療科目と担当医師名が，診察前に患者にわかるように工夫しております．各種表示には，必要な情報がリアルタイムに表示できるように工夫しています．患者との関係は，最初に出会った医師と形成されるため，特に医師の接遇を重視しています．

④ 待ち時間対策
待ち時間の問題は，患者は当然のこと，医療提供者にとっても，基本課題ととらえています．医療提供側は，待ち時間の状況を診療科別に把握し，対応しています．最近では，コンピュータシステムの導入や予約制などにより，すこしでも待ち時間が短縮されるように，常に改善を心がけています．また，どうしてもお待ちいただかなければいけない場合には，テレビ，新聞，雑誌等のほか，待つことへの苦痛を軽減する工夫をしております．お待ちいただく場所も，総合受付スペースとは別に診療待ちの方のブロック待合スペースを区分して，診察を待つ時間の新しい空間を設けたりしています．また，当然，医師は診察開始や予定時間に診察が開始されている必要があります．

⑤ 医療相談と苦情処理窓口
最近は，医療相談やなんでも相談コーナーのような苦情処理窓口などを設置しております．院内での相談窓口の表示もわかりやすいようにし，入院などへも相談窓口をご案内しております．患者および家族と相談するためのスペースの確保，プライバシーを守り，患者および家族の経済的，社会的，心理的相談に応じられるように努力しております．

⑥ 投書箱と患者アンケート
投書箱，患者アンケート，モニター制度などを活用し，患者，家族の希望や意見を聴く工夫をしております．患者・家族のご希望，ご意見に対して，責任をもって対処する部署または担当者，手順を決め，サービスの向上を図っております．ご意見等への回答や対応は，院内掲示や広報誌への掲載，職員への回覧という形でフィードバックし，患者，家族には当然のこと，職員にも周知できる仕組みを

作っております．最近は，患者の満足度調査のアンケートを実施している病院も増えてきました．このアンケートは，患者の満足度の向上，医療の質の向上，そして職員の意識改革を目的として，職員の言葉使いや対応，外来の待ち時間，入院環境などの満足度を付けてもらうものです．

⑦ 利便性の向上

最寄り駅からの交通案内を始め，駐車場の確保，時刻表の案内，タクシー待ちの配慮など病院への利便性に配慮しております．プライバシーや車椅子に配慮した電話，売店などのアメニティの充実にも心がけています．消灯時間や面会時間など入院生活の規則が患者本位に運用されるよう心がけています．面会室，掲示物，テレビ，新聞，インターネットなど，院外の社会との情報交換を心がけています．洗面，整容，湯茶，コインランドリー，冷蔵庫，私物保管場所など生活延長上の設備を設けています．外来でも出入り口や玄関，廊下などバリアフリーです．当然，病棟，トイレ，浴室などは患者の移動の視点に立ったバリアフリーです．

⑧ プライバシーの確保

病院は，特にプライバシーの配慮に心を遣っています．外来では，患者の呼び出しにも配慮しております．診察室などでは，会話が外にもれないように仕切りやドアなどで配慮しております．処置行為，採血や採尿，その他の検査でも人目にふれないような工夫をしております．病棟でも，患者・家族に説明するためのプライバシーの保たれる場所が必要です．病室では，特に更衣室や診察，処置のプライバシー確保について配慮しております．患者名の表示は，患者本人，家族の意向を尊重していくことが望ましく，デイルームやコーナーなどの面会用スペースの確保も必要となってきています．

⑨ 療養環境

施設環境としては，身障者用駐車場，手すり，車椅子の配慮，洗面など高齢者や身体機能低下に配慮した設備や，車椅子，頭台，待合室の椅子，歩行器など患者が利用する備品などの配慮に心がけています．壁，天井の隅まで清掃を行い，不快な臭気を取り除き，待合室，階段，廊下などの共有部分にも院内の採光・彩色に配慮しています．音環境，院内放送，周囲の環境など病棟の静寂を保つようにしています．病室は，床頭台，ロッカーなどは整理整頓に心がけ，ベッドごとに調整できる照明と採光に配慮し，空調に関しては柔軟に対応し，快適な空間を確保することが望ましく，移動，安楽な姿勢の確保のための患者の容態に応じたベッド調整，転落防止のためのベッド調整など安全性を保っております．マットも機能および清潔性がたもたれるように交換・洗浄を適宜行っております．トイレは，病室からの距離，患者人数に合ったトイレ数，車椅子用のトイレ，広さ，転倒防止や熱湯による火傷防止，手すり，床のすべり止めなど浴室の安全性を確保しております．なるべく多くの入浴の回数と時間を提供したいと思います．食事は，患者にとって最大の楽しみでもあります．食事時間も日常の時間になるように心がけ，病棟配膳，配膳車の工夫により食事の温度管理を行い，食堂など快適な食事場所で，選択メニューや個別対応など患者の特性や希望に応じた食事が提供できるように努力しています．

出典：全日本病院協会ホームページより．著者一部改変．

2. 医療関連サービスに関する質保証

前述したように，医療サービスを提供する場である病院には様々な業種のサービスが関わっており，患者とその家族の医療の質に影響を及ぼしている．

医療法第15条の2では，医療機関が医師等の診療などに著しい影響を与える一定の業務を外部に委託する時は，「厚生労働省令で定める基準に適合するものに委託しなければならない」と規定している．1985年頃になり，医療関連サービス全体を医療の中に包含する概念の下で，医療機関における業務委託の活用についての議論が活発化し，調査検討が重ねられた結果，医療関連サービスのうち患者の入院等に著しい影響を与える業務については，他のサービス以上に衛生水準の確保が求められ，法令により基準という形で質を担保することとなり，1990年，医療法の改正案が国会に提出され，1992年7月に公布，1993年4月1日から施行された．この改正によって，初めて病院，診療所等の業務委託に関する規定が医療法に盛り込まれ，医療機関が一定の業務を外部に委託する場合には，厚生労働省令で定める基準に適合する者に委託しなければならないこととなったのである．

医療法施行規則で基準が定められている業務は全部で，①検体検査，②滅菌消毒，③患者等給食，④患者搬送，⑤医療機器の保守点検，⑥医療用ガス供給設備の保守点検，⑦寝具類洗濯，⑧院内清掃の8業務となっている．具体的な業務内容は，表Ⅳ-2に示す通りである．

医療関連サービス振興会は，提供される医療関連サービスの質を確保するためには，医療関係者および民間事業者の両者が参加する団体の設立が必要であるとの提言がなされ，それを受けて1990年に設立された，医療関連サービスに関する第三者評価機関である[2)]．事業内

表Ⅳ-2　厚生労働省令により基準が定められている8業務

○献体検査：人体から排出され又は採取された微生物的検査，血清学的検査，血液学的検査，病理学的検査，寄生虫学的検査及び生化学的検査の業務
○滅菌消毒：医療機器又は医学的処置若しくは手術の用に供する衣類その他の繊維製品の滅菌又は消毒の業務
○患者等給食：病院における患者，妊婦，産婦又はじょく婦の食事の提供
○患者搬送：患者，妊婦，産婦又はじょく婦の病院，診療所又は助産所相互間の搬送の業務及びその他の搬送の業務で重篤な患者について医師又は歯科医師を同乗させて行うもの
○医療機器の保守点検：医療機器の保守点検の業務
○医療用ガス供給設備の保守点検：医療の用に供するガスの供給設備の保守点検の業務
○寝具類洗濯：患者，妊婦，産婦又はじょく婦の寝具又はこれらの者に貸与する衣類の洗濯の業務
○院内清掃：医師若しくは歯科医師の診療若しくは助産師の業務の用に供する施設又は患者の収容の用に供する施設の清掃の業務

出典：医療関連サービス振興会ホームページより.

容は，評価認定事業の他，医療関連サービスの質的向上に関する諸事業を行っている．具体的な評価認定については，10業種について，認定要件に適合する医療関連サービスに対して，医療関連サービスマークの認定を行うものである．10業種の種類と認定事業者の数は，表Ⅳ-3に示す通りとなっている．院内清掃業務に関する認定事業者数が最も多くなっている．

具体的な院内清掃業務に関する基準を見てみると，事業者は，医療機関で行われる業務と同様に，質の高い本サービスを行うために，医療機関との緊密な連絡のもとに業務を行わなければならないことが基本的事項として定められている．さらに，事業者は，医療機関との意思の疎通を図り，問題点の改善のため努力する意思とこれを具体的に実施していく能力を有しなければならないとしている．また，具体的な対象施設は，診察室，手術室，処置室，臨床検査施設，調剤所，消

表Ⅳ-3　医療関連サービスマーク認定数（2017年2月1日現在）

業務名	認定件数			（参考）
	更新	新規	計	認定有効事業者等の総数
在宅酸素療法における酸素供給装置の保守点検業務	21	—	21	212
院外滅菌消毒業務	8	—	8	50
院内滅菌消毒業務	3	—	3	38
寝具類洗濯業務	16	2	18	249
患者等給食業務	17	1	18	184
患者搬送業務	1	—	1	3
院内清掃業務	158	14	172	1,490
衛生検査所業務	25	1	26	126
医療用ガス供給設備の保守点検業務	92	—	92	256
医療機器の保守点検業務	—	—	0	4
合計	341	18	359	2,612

出典：医療関連サービス振興会ホームページより．

毒施設，給食施設，洗濯施設，分娩室，新生児の入浴施設，病室等の医師若しくは歯科医師の診療若しくは助産師の業務の用又は患者の入院の用に供する施設をいい，給水施設，暖房施設，汚物処理施設，事務室等は含まないとされている[3)]．

患者とその家族の多くは，院内の様々な業務が委託されていることについてはあまりよく理解していないことと思われる．実際の院内清掃が委託事業者によってなされていたとしても，最終的には患者に対する責任は医療機関にあることを考えると，事業者と医療機関との連携は大変重要なことと思われる．また，多くの患者は疾患や悩みを抱えており，免疫力が低下している場合が多く，菌等に対する抵抗力が弱まっている．診察室や手術室，処置室や病室等患者の治癒に影響を及ぼす場所の清掃については，しっかりと実施されていなければならない．そのためにも，第三者による認証評価の仕組みは大変重要である．多くの医療機関が認証を受け，患者に安心と安全が保証されることが求められる．

3. 診療の質の保証

現在はチーム医療が中心となり，医師のみではなく，様々な医療従事者が関わり，患者に対しヘルスケア・サービスを提供するようになってきた．各専門の教育を受けたスペシャリスト達が自らの知識やスキルを発揮し，患者に最善のヘルスケア・サービスを提供できるようになったことは誠に素晴らしいことである．しかしながら，チーム医療におけるリーダーは医師であり，患者の心身に起きている様々な症状や痛みをどのような方法で回復や治癒に導くかを最終的に決定するのは医師である．どのような検査が必要か見極め，各種オーダーを出し，処方箋を書き，看護師に様々な点滴などの指示を出すといった様々な行為は医師の仕事である．患者にとっても，自らの命を左右するのが，主治医であり，執刀医であることは明らかである．

診療の質の保証は，ヘルスケア・サービスにおいて最も重要なことである．すべての医師がある日突然に名医になるということはあり得ない．医師も人間であり，自らの能力を伸ばす努力をしなければ名医とはなり得ない．医師がどのような教育や研修を受け一人前の医師になるのか，どのような専門的な知識や技術を身に付けて専門の医師となるのかについては，教育・研修制度や第三者による評価などの仕組み作りが大変重要となる．

1）卒後臨床研修評価機構（JCEP）

わが国の医師臨床研修制度の変遷を見てみると，1946年に実地修練制度（いわゆるインターン制度）が創設され，医師国家試験受験資格を得るための義務として「卒業後1年以上の診療及び公衆に関する実地修練」を行うこととされた．ここでは，医師国家試験受験前に研修するという仕組みをとっていたが，20年以上経過した1968年には，実地修練制度が廃止され，臨床研修制度が創設されることになる．大学医学部卒業直後に医師国家試験を受験し，医師免許取得後も2年以上の臨床研修を行うように努めるものとするとされ，しかしながらここでは義務ではなく努力規定とされた．その後かなりの年月が経過し，2004年に現在の新医師臨床研修制度となり，「診療に従事しようとする医師は，2年以上の臨床研修を受けなければならない」とされ，必修化となったのである．

医師の臨床研修の必修化に当たっては，①医師としての人格を涵養し，②プライマリ・ケアの基本的な診療能力を修得するとともに，③アルバイトせずに研修に専念できる環境を整備することを基本的な考え方として制度が構築された．法的整備については，2000年11月第150回国会参議員国民福祉委員会附帯決議が以下のようになされた．

医師および歯科医師の臨床研修については，インフォームド・コンセントなどの取り組みや人権教育を通じて，医療倫理の確立を図るとともに，精神障がいや感染症の理解を進め，さらにプライマリ・ケアやへき地医療への理解を深めることなど全人的，総合的な制度へと充実すること．その際，臨床研修を効果的に進めるために指導体制の充実，研修医の身分の安定および労働条件の向上に努めること．

また，2000年には医師法等の一部改正が行われ，医療従事者の資質の向上を目指し，医師および歯科医師臨床研修に関し改正され，医師については 2004 年 4 月に施行，歯科医師については 2006 年 4 月に施行されている．

[医師法等の一部改正の概要]

診療に従事しようとする医師は，2 年以上，医学を履修する課程を置く大学に附属する病院又は厚生労働大臣の指定する病院において臨床研修を受けなければならない

臨床研修を受けている医師は，臨床研修に専念しその資質の向上を図るよう努めなければならない

厚生労働大臣は臨床研修を修了した者について臨床研修を修了した旨を医籍に登録，臨床研修登録証を交付する

さらに，2003 年 6 月には，医師法第 16 条の 2 第 1 項に規定する臨床研修に関する省令が施行され，2005 年の一部改正を経て，2006 年に改正され，その後も幾度か改正され，最終改正は 2011 年に行われている．以下が省令に記載されている「臨床研修の基本理念」である．

[臨床研修の理念] 第 2 の 2

医師については，単に専門分野の負傷又は疾病を治療するのみではなく，患者の健康と負傷又は疾病を全人的に診ることが期待され，医師と患者及びその家族との間での十分なコミュニケーションの下に総合的な診療を行うことが求められていること．また，医療の社会的重要性及び公共性を考えると，臨床研修は，医師個人の技術の向上を超えて，社会にとって必要性の高いものであること．

このため，臨床研修については，医師が医師としての人格をかん養し，将来専門とする分野にかかわらず，医学及び医療の果たすべき社

会的役割を認識しつつ，一般的な診療において頻繁に関わる負傷または疾病に適切に対応できるよう，プライマリ・ケアの基本的な診療能力（態度・技能・知識）を身に付けることのできるものでなければならないこと．

卒後臨床研修評価機構（JCEP：Japan Council for Evaluation of Postgraduate Clinical Training）は，国民に対する医療の質の改善と向上を目指すため，臨床研修病院における研修プログラムの評価や人材育成等を行い，公益の増進に寄与することを目的として設立された．臨床研修病院において，国が認定した臨床研修プログラムに沿って，研修医に実際にどのような研修を実施しているかについて第三者による評価を実施している．2017 年 11 月 1 日までに 225 の病院が認定されている[4)]．臨床研修は医師が一人前になるためには最も重要なプロセスであるが，臨床研修病院には，様々な疾患を抱えた患者が，外来・入院，救急の各場面で，検査室で，手術室で研修医を含めた医師の診察や説明，指示を受けているのが現状である．医師国家試験を合格し，医師免許を取得した医師が，2 年間の臨床研修において質の高い研修を受けることは大変重要であるが，患者の安全や意思決定，QOL が最大限尊重されなければならないし，研修医の診察であっても，指導医の指導の下，最善のヘルスケア・サービスを受ける権利が患者にはある．第三者によって診療の質の確保に向けた支援を行うことは大変重要な使命であると思われる．

具体的な評価項目と構成は，表Ⅳ-4 に示す通りである[5)]．また，「Pg. 3　臨床研修病院としての教育研修環境の整備」については，具体的な中項目は表Ⅳ-5 に示す通りである．臨床研修病院として，教育研修が行える諸環境が整備されているかについては，医療に関する安全管理体制の整備も重要な評価の視点となっている．より多くの臨

表Ⅳ-4　卒後臨床研修評価機構　自己評価調査票　October 2016

大項目（評価の対象領域）	中項目数	小項目数
Pg. 1　臨床研修病院としての役割と理念・基本方針	2	6
Pg. 2　臨床研修病院としての研修体制の確立	2	6
Pg. 3　臨床研修病院としての教育研修環境の整備	4	15
Pg. 4　研修医の採用・修了と組織的な位置づけ	6	17
Pg. 5　研修プログラムの確立	5	25
Pg. 6　研修医の評価	2	6
Pg. 7　研修医の指導体制の確立	3	9
Pg. 8　終了後の進路	3	4
8	27	88

出典：卒後臨床研修評価機構ホームページより．

表Ⅳ-5　Pg. 3　臨床研修病院としての教育研修環境の整備（中項目）

Pg. 3.1	臨床研修病院としての教育研修体制が適切である
Pg. 3.2	患者の診療に関する情報を適切に管理している
Pg. 3.3	医療に関する安全管理体制の確保がなされている
Pg. 3.4	研修をサポートするための設備が整備されている

出典：卒後臨床研修評価機構ホームページより．

床研修病院が評価を受審することにより，わが国の医師の診療の質が高まることが期待される．

2）日本専門医機構（JMSB）

多くの医師達は，国家試験では医師として厚生労働大臣に認められるが，その後，自らの得意とする分野を標榜するという形で，診療科の専門に進んでいくキャリアパスを一般に辿っていく．卒後の２年間の臨床研修を経て，研修医としての研修期間が修了すると，臨床研修病院から修了書をもらい，その後より専門性を極めていく．日本専門医機構（JMSB：Japanese Medical Specialty Board）は，国民および社会に信頼される専門医制度であり，専門医の育成・認定およびその生涯教育を通じて，良質かつ適切な医療を提供することを目指し，2014 年に設立された機関である[6]．

日本専門医機構が定義する「専門医（Medical Specialist）」とは，それぞれの診療領域における適切な教育を受けて，十分な知識，経験を持ち，患者から信頼される標準的な医療を提供できるとともに，先端的な医療を理解し，情報を提供できる医師」となっている．これまで様々な専門分野ごとの学会が存在する中で，中立的な立場から標準化を目指す役割を果たしている．日本専門医機構において専攻医の登録が行われているのは，日本内科学会，日本小児科学会，日本皮膚科学会，日本精神神経学会，日本外科学会，日本整形外科学会，日本産科婦人科学会，日本眼科学会，日本耳鼻咽喉科学会，日本泌尿器科学会，日本脳神経外科学会，日本医学放射線学会，日本麻酔科学会，日本病理学会，日本臨床検査医学会，日本救急医学会，日本形成外科学会，日本リハビリテーション医学会，そして日本専門医機構が認定する総合診療などである．

専門医の制度確立の基本理念は，①プロフェッショナルオートノミーに基づいた専門医の質を保証・維持できる制度であること，②国民に信頼され，受診にあたり良い指標となる制度であること，③専門医の資格が国民に広く認知される制度であること，④医師の地域偏在等を助長することがないよう，地域医療に十分配慮した制度であること，としており，詳細な指針が整備されている[7]．患者にとっては，自らの命を預ける医師がどのような専門的な研修を得て今日に至っているかは大変重要な指標であり，その専門医の認定の標準化は診療の質にとってはとても大切なことである．まだ十分に国民に周知されていないと思われるが，今後より制度が充実することにより日本の診療の質向上に役立つ制度となっていただきたい．

3）日本医学教育評価機構（JACME）

これまで医師として国家試験に合格してからの卒後臨床研修の制度および第三者による質保証の仕組みについて論じてきたが，実は高校を卒業後，医学部に進学してからの教育内容は，今日臨床現場で活躍するほとんどの医師の知識や技術の基礎となるものであり大変重要である．2010 年 9 月，アメリカの外国人医師卒後教育委員会（ECFMG：Educational Commission for Foreign Medical Graduates）は，全世界に向けて「2023 年以降，国際基準に基づいて認定された医学部以外の卒業者にはアメリカで医師になる申請を与えない」と通告した．これが医療界で言われているいわゆる 2023 年問題と称されるものである[8]．大学を中心とする高等教育においては，教育の質の保証は大変重要であるが，実際はその国々によって，教育システムや教員の資質なども関係し，まちまちであることが多い．診療の質の保証において最も重要な医師という“ヒト”のグローバル化が進む中，医療現場で医師として働く場合，その医師の受けた教育内容の標準化が進んできたということである．

ECFMG の通告に適応するには，世界医学教育連盟（WFME：World Federation for Medical Education）の認証する公的評価機関が，国際基準に基づいて医学部の教育を評価し，認定することが求められる[9]．そこで 2015 年 12 月，わが国においても全医学部が正会員として参加する医学部教育の質を保証するため，日本医学教育評価機構（JACME：Japan Accreditation Council for Medical Education）が発足した[10]．JACME では，医学教育分野別評価体制，評価法，評価基準，評価者養成システム，認定法等を策定し，国際的に通用する評価機関としてWFMEから2017年3月に認証を受けた．ECFMG通告には，米国・カナダ以外の海外の医学部を卒業した医師が米国内で増加する現状を受け，「米国民の健康を守るには，質が保証された医学教育を受け，医師として必要なコンピテンシーが担保された者にしか米国での医業を任せられない」ことが含まれている．

わが国では，日本の大学での医学部教育を受け，日本語での医師国家試験に合格した者のみ日本の各病院で診療に従事しているので，アメリカと事情はやや異なる．しかしながら，改めて考えてみると，わが国の医学教育の水準や教育内容，卒前で学ぶ一人前の医師に求められる知識やスキルは，グローバルな視点からはどうであろうか．このような国際標準化の流れは，患者の視点から見ると，大変重要なことであると思われる．人間の命に直接関わることである医療については，グローバル化が進む現代においては，グローバル・スタンダードに基づく診療の質保証がなされることはきわめて自然なことと思われる．

WFMEグローバル・スタンダードに準拠したJACMEの具体的な評価項目は，表のⅣ-6に示す通りとなっている[11]．

特に「1．使命と学修成果」においては，「1.3 学修成果」の内容は以下の通りとなっている．

1.3 学修成果

基本的水準として，医学部は，期待する学修成果を目標として定め，学生は卒業時にその達成を示さなければならない．それらの成果は，以下と関連しなくてはならない．

・卒前教育で達成すべき基本的知識・技能・態度

・将来にどの医学専門領域にも進むことができる適切な基本

・保健医療機関での将来的な役割

表IV-6 JACME 医学教育分野評価基準日本版 Ver. 2.2

1. 使命と学修成果
2. 教育プログラム
3. 学生の評価
4. 学生
5. 教員
6. 教育資源
7. プログラム評価
8. 統轄および管理運営
9. 継続的改良

出典：JACME ホームページより．

・卒後研修
・生涯学習への意識と学習技能
・地域医療からの要請，医療制度からの要請，そして社会的責任
・学生が学生同士，教員，医療従事者，患者，そして家族を尊重し適切な行動をとることを確実に修得させなければならない．
・学修成果を周知しなくてはならない．

卒前と卒後における教育や研修の連続性が大変重要であり，他の分野に比べ，きわめて専門性の高い医療プロフェッションとなるための教育や研修の質保証が求められている．今後，世界中で活躍する医師にとって，わかりやすく，そして患者にとっても安心と信頼を医師に持つことのできるスタンダードによる評価がわが国においても進むことが望まれる．

4. 医療の国際化と国際病院評価

1）外国人患者受入れ認証制度（JMIP）

わが国では，2014年6月，観光立国推進閣僚会議において「観光立国実現に向けたアクションプログラム2014――訪日外国人2000万人時代に向けて――」が打ち出された．同プログラムには，外国人患者が安全・安心に日本の医療サービスを受けられるよう，医療通訳等が配置されたモデル拠点の整備を含む医療機関における外国人患者受入れ体制の充実を図ることや，訪日外国人旅行者が医療機関に関する情報をスムーズに得るための仕組みづくりを行うことが盛り込まれ，今後は海外に対し開かれた日本の医療機関が求められ，国際化が急がれることとなった．これに伴い，2012年7月より日本国内の医療機関に対し，多言語による診療内容や，異文化・宗教に配慮した対応等，外国人患者の受入れに資する体制を第三者的に評価することを通じて，医療を必要とするすべての人に，安心・安全な医療サービスを提供できる体制づくりを支援する目的で，外国人患者受入れ医療機関認証制度（JMIP：Japan Medical Service Accreditation for International Patients）が発足しており，すでに日本国内の病院が認定されている[12]．

本認証制度は，外国人患者の円滑な受入れを推進する国の事業の一環として厚生労働省が2011年度に実施した「外国人患者受入れ医療機関認証制度整備のための支援事業」を基盤に策定されたものである．本認証制度では，受入れ対応，患者サービス（通訳・翻訳，院内環境の整備，宗教・習慣の違いへの対応），医療提供の運営，組織体制と管理，改善に向けた取り組みについて，各評価項目（スタンダード）に基づき，評価者である認定調査員が実態調査を実施し，有識者による認証審査会を経て認定される仕組となっている．外国人患者受け入れ医療機関認証制度の対象となる医療機関は，すでに第三者機関による認証制度によって医療施設機能が評価されている病院または以下の健診施設とされている．

①病院機能評価（日本医療機能評価）／② Accreditation Standards For Hospitals（Joint Commission International：JCI）／③ ISO 9001/14001／④臨床研修評価（卒後臨床研修評価機構）／⑤人間ドック健診施設機能評価（日本人間ドック学会）

わが国の在留外国人は約 223 万人（2014 年），訪日外国人旅行者は 1974 万人（同年）と近年著しく増加しており，2020 年に東京オリンピック・パラリンピックも控え，今後さらなる増加が予想される．訪日外国人旅行者数については，「明日の日本を支える観光ビジョン構想会議」にて 2020 年：4000 万人，2030 年：6000 万人を目標としている．これらの背景を踏まえ，また「日本再興戦略」や「健康・医療戦略」などを受け，外国人患者が安全・安心に日本の医療サービスを受けられる体制を充実させていくことが求められている．厚生労働省では外国人患者受入れに関する環境整備を進めており，「外国人患者受入れ医療機関認証制度（JMIP）」の普及促進や医療通訳等の配置支援，院内資料の多言語化等の事業を行っている．また，「観光立国実現に向けたアクションプログラム 2015」に基づき，観光庁，都道府県と連携して「訪日外国人旅行者受入れ医療機関」を全国約 320ヵ所選定する事業等を進めてきた．今後，2020 年までに，外国人患者受入れ体制が整備された医療機関を 100 か所整備することとしている[13]．

具体的な JMIP の評価項目は，表Ⅳ-7 に示す通りである[14]．特に，「2.4　患者の宗教・習慣の違いを考慮した対応」では，表Ⅳ-8 に示す内容で評価がなされている．患者はすでに自らの疾患に関し，ストレスを抱えている中で，国の違いによる宗教や，習慣，食事などについ

表IV-7　JMIP 評価項目 Ver. 2.0

1. 受入れ対応
    - 1.1　外国人患者に関する情報と受入れ体制
    - 1.2　医療費の請求や支払に関する対応
2. 患者サービス
    - 2.1　通訳（会話における多言語対応）体制の整備
    - 2.2　翻訳（文書での多言語対応）体制の整備
    - 2.3　院内環境の整備
    - 2.4　患者の宗教・習慣の違いを考慮した対応
3. 医療提供の運営
    - 3.1　外国人患者への医療提供に関する運営
    - 3.2　説明と同意（インフォームド・コンセント）
4. 組織体制と管理
    - 4.1　外国人患者対応の担当者または担当部署の役割
    - 4.2　安全管理体制
5. 改善に向けた取り組み
    - 5.1　院内スタッフへの教育・研修
    - 5.2　外国人患者の満足度

出典：JMIP ホームページより．

表IV-8　JMIP 評価項目 2.4　患者の宗教・習慣の違いを考慮した対応

- 2.4.1　日本と外国の背景の違いに対応する体制がある
    - 2.4.1.1　外国人患者に配慮した入院中の食事の対応方法がある
    - 2.4.1.2　各種宗教，習慣に配慮した対応方法がある

出典：JMIP ホームページより．

ても，外国人患者の療養上において配慮がなされていることが，国際病院には求められてくる．表IV-9 は，現在までの JMIP の評価認定を受けた病院一覧である．訪日外国人の増加により，日本中のあらゆる場所に外国人がいる今日においては，全国のどの病院に外国人患者が入院しても不思議ではない．訪日，在日を含めた外国人患者受入れに対する病院の様々な整備や院内教育は，大変手間のかかることかもし

表Ⅳ-9 JMIP 認定病院（2017 年 11 月現在：30 病院）

・特定医療法人沖縄徳洲会　湘南鎌倉総合病院
・社会医療法人緑泉会　整形外科米盛病院
・地方独立行政法人　りんくう総合医療センター
・社会医療法人木下会　千葉西総合病院
・医療法人雄心会　函館新都市病院
・医療法人社団　恵心会　京都武田病院
・学校法人藤田学園　藤田保健衛生大学病院
・医療法人偕行会　名古屋共立病院
・国立研究開発法人　国立国際医療研究センター病院
・医療法人徳洲会　札幌東徳洲会病院
・社会医療法人　大成会　福岡記念病院
・社会医療法人　董仙会　恵寿総合病院
・医療法人徳洲会　岸和田徳洲会病院
・NTT 東日本関東病院
・国立大学法人　大阪大学　医学部付属病院
・医療法人沖縄徳洲会　南部徳洲会病院
・社会医療法人厚生会　木沢記念病院
・国家公務員共済組合連合会　虎ノ門病院
・医療法人徳洲会　東京西徳洲会病院
・東京都済生会中央病院
・東京都立広尾病院
・独立行政法人地域医療機能推進機構　東京高輪病院
・国立大学法人九州大学　九州大学病院
・医療法人財団康生会　武田病院
・学校法人国際医療福祉大学　国際医療福祉大学三田病院
・国立大学法人岡山大学　岡山大学病院
・学校法人埼玉医科大学　埼玉医科大学国際医療センター
・医療法人徳洲会　湘南藤沢徳洲会病院
・一般財団法人津山慈風会　津山中央病院
・医療法人沖縄徳洲会　中部徳洲会病院

出典：JMIP ホームページより．

れないが，グローバル・ヘルスケアの標準化が進むためには大変重要である．少しでも多くの病院が認定を受け，グローバル・スタンダードを満たした国際病院が増えて欲しい．

2）ジョイント・コミッション・インターナショナル（JCI）

ジョイント・コミッション・インターナショナル（JCI：Joint Commission International）は，1994年にアメリカの病院評価機構である（JC：The Joint Commission）から発展し，これまではアメリカ国内の医療機関を評価対象としてきたが，全世界の医療機関を対象に第三者による病院評価事業を開始した組織である．医療の質や患者の安全性の確保について，グローバル・スタンダードを作成しており，すべての国々の医療機関が受審可能となっている[15]．

2017年11月現在，わが国では24の病院が評価を受け，認定されている（表Ⅳ-10）．

受審可能な種別は全部で8種類となっている．病院に関して2種別（病院版，アカデミックメディカルセンター病院），非病院プログラムが6種別（救急外来ケア，臨床検査室，ホームケア，長期介護，移送機関，プライマリ・ケア）となっている．JCIの病院版グローバル・スタンダードは以下の表表Ⅳ-11に示すとおりとなっている[16]．4つのセクションに分かれており，メインはセクションⅡとⅢである．セクションⅣは大学病院などのアカデミックメディカルセンター病院版項目となっている．セクションⅡとⅢは，患者中心の評価と組織マネジメントに関する評価とに分かれている．JCIのグローバル・スタンダードには，「患者と家族の権利（PFR）」とともに「患者と家族の教育（PFE）」項目も組み込まれており，患者と家族の医療への参加がしっかりと組み込まれ，評価されている．また，JCIは患者の安全について重点的に評価しており，IPSG（International Patient Safety

表Ⅳ-10 JCI 認定医療機関（2017 年 11 月現在：24 病院）

- 医療法人鉄蕉会亀田メディカルセンター
- NTT 東日本関東病院
- 医療法人社団愛優会介護老人保健施設老健リハビリよこはま
- 聖路加国際病院
- 湘南鎌倉総合病院
- 社会福祉法人聖隷福祉事業団　聖隷浜松病院
- 社会医療法人財団慈泉会　相澤病院
- メディポリスがん粒子線治療センター
- 社会福祉法人恩寵財団　済生会熊本病院
- 葉山ハートセンター
- 東京ミッドタウンクリニック
- 日本赤十字社　足利赤十字病院
- 埼玉医科大学国際医療センター
- 順天堂医院
- 国際医療福祉大学　三田病院
- 札幌東徳洲会病院
- 南部徳洲会病院
- 倉敷中央病院
- 湘南藤沢徳洲会病院
- 社会福祉法人　三井記念病院
- 医療法人マックシール巽病院
- 石巻赤十字病院
- 中部徳洲会病院
- 彩の国東大宮メディカルセンター

出典：JCI ホームページより.

Goals）には，6 つのゴールが示されている．具体的には，Goal 1：患者を正しく特定する，Goal 2：効果的なコミュニケーションの改善，Goal 3：高アラート薬の安全性の向上，Goal 4：正しい場所，正しい手順を確認し，正しい患者の手術を確実にする，Goal 5：ヘルスケアに関連する感染のリスクの削減，Goal 6：転倒に起因する患者危害のリスクを軽減する，となっており，世界のどこの病院においても求め

表Ⅳ-11　JCIの大学病院を含む病院版グローバル・スタンダード（第6版）

Section Ⅰ：認証参加要求事項
　Accreditation Participation Requirements
Section Ⅱ：患者中心の評価　Patient-Centered Standard
　International Patient Safety Goals（IPSG）　国際患者安全のゴール
　Access to Care and Continuity of Care（ACC）　ケアへのアクセスとケアの継続性
　Patient and Family Rights（PFR）　患者および家族の権利
　Assessment of Patients（AOP）　患者アセスメント
　Care of Patients（COP）　患者のケア
　Anesthesia and Surgical Care（ASC）　麻酔と外科的ケア
　Medication Management and Use（MMU）　薬物マネジメントと使用
　Patient and Family Education（PFE）　患者および家族教育
Section Ⅲ：ヘルスケア組織マネジメント評価　Health Care Organization Management Standards
　Quality Improvement and Patient Safety（QPS）　質改善と患者安全
　Preventions and Control of Infections（PCI）　感染防止と制御
　Governance, Leadership, and Direction（GLD）　ガバナンス，リーダーシップおよび方向性
　Facility Management and Safety（FMS）　施設マネジメントと安全
　Staff Qualifications and Education（SQE）　スタッフの資質と教育
　Management of Information（MOI）　情報マネジメント
Section Ⅳ：アカデミックメディカルセンター病院スタンダード
　Medical Professional Education（MPE）　医療プロフェッション教育
　Human Subjects Research Program（HRP）　臨床研究プログラム

出典：Joint Commission International Accreditation『Standards for Hospitals Standards Lists Version 6th Edition』より著者作成.

られる患者安全の視点が示されている.

3）国際病院連盟（IHF）

国際病院連盟賞（IHF：International Awards）は，1929年に設立された国際病院協会（International Hospital Accreditation）を前身とする団体で，病院をはじめとする医療関連組織の国際的団体である[17].

非営利団体であり，スイスジュネーブに本部がある．これまで世界中の病院やヘルスケア組織のための様々な活動を展開してきている．病院，各国の病院協会，医療関連組織のための世界レベルのフォーラムやナレッジ・ハブ（知識の集積場所）として，保健分野の運営における政策指針を提供し，戦略的情報や経験の共有を促進している．わが国では日本病院会が加盟している[18]．

2015年より世界中の加盟病院から，多面的な面での輝かしい取組を行った病院に最高位賞（Dr. Kwang Kim Grand Award）を与えることとなった．初年度である2015年に日本の聖路加国際病院が受賞しており，医療の質を表す指標の測定・公開と改善活動に関して評価された（Measurement and Disclosure of Quality Indicators（QI), which express the Health Care Quality, and Improvement Activities）．2016年には本賞については，韓国の病院（Myongji Hospital）が受賞している．この他，各種優秀賞もあり（IHF Excellence Awards，2015年には四国こどもとおとなの医療センターが，医療におけるリーダーシップとマネジメントを評価された病院に対して与えられる賞（Excellence Award for Leadership and Management in healthcare）を受賞した．また同年，社会医療法人財団新和会八千代病院（愛知県）が，医療の質と安全，患者中心医療の取組を評価したもの（Excellence Award for Quality & Safety and Patient-centered Care）およびCSR（社会的貢献）の取組を評価した病院として賞（Excellence Award for Corporate Social Responsibility）を受賞した．

IHFでは，ヘルスケア・サービス・マネジメントのためのリーダーシップに求められるコンピテンシー（能力）は，①コミュニケーションと関係性に関するマネジメント（Communication and relationship Management），②ヘルスおよびヘルスケア環境（Health and Healthcare Environment），③専門的社会的責務（Professional and Social

Responsibility)，そして④ビジネス（Business）の視点が必要であるとしている[19]．医療の国際化に対応したヘルスケア・サービスの質の向上には，このようなマネジメント能力を兼ね備えたリーダーの存在は不可欠である．

このように，日本の病院が世界レベルでの基準をクリアし，評価されたことは患者にとっても大変安心できる材料となる．わが国のヘルスケア・システムは，国民皆保険制度を中心として，世界に誇る医療保険制度であることは多くの患者も理解し，満足していることと思われるが，実際の病院が世界標準でどの程度であるかについては，今まで知る方法や手段がなかった．より多くの病院が世界レベルでもトップクラスの質が保証されていると思われるが，今後は積極的にグローバルレベルでの病院がわが国で増えることを期待したい．

近年，急速に国際病院認定の動きが高まってきている背景にはやはりグローバル化がある．多面的な視点からの様々な病院を中心とする第三者による評価が活性化することにより，これまでは自国内における質保証の議論であったものが，今後は国際的なスタンダードを活用し，評価する時代に突入してきたと言えるだろう．

V
ヘルス・ツーリズム
“モノ”の移動から“ヒト”の移動へ

グローバル化の流れの中では，地球規模でより多くの“モノ”だけではなく，“ヒト”が移動するようになってきていることも意味する．ツーリズム（観光）は，“ヒト”が移動をし，余暇活動や様々な文化体験などを通して，心身をリフレッシュする，あるいは休養することである．多くの場合，ツーリズムは，仕事や日常生活から解放され，移動をすることにより，転地効果も重なり，別空間，別な環境に自身を置くことにより健康増進や回復に大いに役立つことが期待される．つまり，ツーリズムのほとんどは，健康増進や回復に役立っていることからも，すべてのツーリズムが「ヘルス・ツーリズム」と言えるかもしれない．

また，ツーリズムは，経済分野の1つととらえても，急成長している分野であり，各国・各地域においても，重要な収入源となっており，ビジネスとしての注目度も高い分野と言える．本章では，今後ますます成長が見込まれており，重要なグローバル・ヘルス・ビジネスの1つとして期待される「ヘルス・ツーリズム」の現状と動向について分析を加えていくこととする．

1. 世界観光機関（UNWTO）

ツーリズムに関する世界的な組織として，世界観光機関（UNWTO：World Tourism Organization）が世界レベルでの活動を行っている[1)]. UNWTO は，1975 年から活動を開始しており，現在では 158 か国が加盟している，世界最大の持続可能で普遍的なアクセス可能な観光を担当する責任のある国際連合の一専門機関である．本部はスペインのマドリードにあり，日本は 1978 年に加盟している．1991 年以来，25 年ぶりに，わが国は 2015 年から 2019 年の期間において理事国に就任しており，世界の観光政策への提言などを行っている．

奈良にはアジア・太平洋センターが設置されている[2)]．UNWTO アジア太平洋センターは，アジア太平洋の観光の急速な成長を支援するため，1995 年に大阪に地域事務所として設立され，2012 年に奈良に移転された．同センターでは，2017 年国連のテーマである「持続可能な観光国際年」に合わせ，日本・スペインにおける食文化に関する観光セミナー「ガストロノミー（食文化）を通した持続可能な観光・国際交流の可能性について」が 2017 年 10 月に実施された．わが国において訪日外国人が急増している中，日本国内外における旅先での食文化の楽しみや観光交流，さらに地元の食を活用した観光促進が地域に貢献できるといった観光の可能性について理解を深めるきっかけとなった．2015 年 9 月現在の加盟国は，日本も含め 29 か国と 2 地域となっており，内訳は，南アジア 9 か国（アフガニスタン，バングラデシュ，ブータン，インド，イラン，モルディブ，ネパール，パキスタン，スリランカ），東アジア・太平洋 20 か国（オーストラリア，ブルネイ，カンボジア，日本，ラオス，マレーシア，中国，朝鮮民主主義人民共和国，フィジー，インドネシア，モンゴル，ミャンマー，パプアニューギニア，フィリピン，韓国，タイ，サモア，東ティモール，バヌアツ，ベトナム），アジア太平洋地区の加盟2地域（香港［中国］，マカオ［中国］）となっている．

国連のアントニオ・グターズ（Antonio Guterres）は，「観光は経済の柱であり，繁栄へのパスポートであり，何百万人という人々の人生を改善する変革の力となっている」としており，人間にとって観光が大変重要であり，経済活動においても要となっているとしている[3)]．また，UNWTOは，「経済的発展，国際間の理解，平和および繁栄に寄与するため，ならびに人種，性，言語または宗教による差別なく，すべての者のために人権および基本的目的を普遍的に尊重し，および順守することに寄与するため，観光を振興しおよび発展させること（UNWTO憲章第3条）」を活動目的としており，①農村観光，エコツーリズム，文化遺産観光の支援などの開発途上国に対する観光分野の技術協力，②世界各国の観光産業に従事する人材育成の支援プログラムの実施，③観光に関する世界的な統計および市場調査活動の実施，④各国の持続可能な観光開発の促進協力の一環として観光と環境の共生をめざした活動の実施，⑤旅行の自由化，旅行施設の安全・衛生等にかかるガイドラインの作成などの様々な事業を実施している．

さらに，UNWTOでは，1999年9月，チリ共和国・サンティアゴで開催された第13回世界観光機関総会において「世界観光倫理憲章（Global Code of Ethics for Tourism）」が採択されており，世界の環境，文化遺産，社会に与える潜在的な悪影響を最小限にしながら，観光産業の発展を最大限に引き出すことを目的とした規範として重要である．「世界観光倫理憲章」は全10条で構成されており，観光分野における人間（特に子ども）への搾取の撲滅，自然環境の保護，観光客に対する誠実な情報提供，労働者の基本的権利の保障，文化遺産の価値向上への貢献，受入国や地域社会に有益な活動の実践など責任ある持続可能な観光を実現するために各国政府，観光業界，地域社会，旅行者等の観光産業の発展に携わる関係者が自発的に取り組む事項が定められている．また，前文では，「余暇，ビジネス，文化，宗教又は健康のいずれを目的とするかに関わらず，過去及び予見可能な将来における観光活動の迅速かつ継続的な成長，並びに送出国及び受入国双方の環境，経済及び社会に対する，また地域社会や先住民族に対する，あるいは，国際関係や貿易に対する，肯定的及び否定的な影響力を共に持つ，観光による甚大な影響力を考慮」すべきであるとしている．

世界観光倫理憲章
第 1 条　人間と社会間の相互理解と敬意への観光の貢献
第 2 条　個人と集団の充足感を得る手段としての観光
第 3 条　観光：持続可能な開発の要素
第 4 条　観光：人類の文化遺産の利用とその価値を増進させる貢献
第 5 条　観光：受入国及び受入側地域社会に役立つ活動
第 6 条　観光開発の利害関係者の義務
第 7 条　観光をする権利
第 8 条　観光客の行動の自由
第 9 条　観光産業における労働者と事業者の権利
第10条　世界観光倫理憲章の原則の実施

確かに，多くの人々にとっての観光は，日常から離れ，別な場所に移動し過ごすことであり，必ず何らかの目的をもっているはずである．文化遺産のある現場に行って直接身近に感じながら，人類の歴史に触れ，タイムスリップしたような不思議な思いを経験したり，人間の素晴らしさやルーツを理解したりすることもあるだろう．また，自身が日常暮らしている場所とは異なる文化や習慣，価値観を持つ国や地域に移動して，人々とのコミュニケーションを通して理解を深め，人間の愛や生きることの喜びを実感する人もいるだろう．さらに，より健康になることや病気治療のために健診や治療を受ける，物価や治療費の安い国，医療技術の高い病院，安全で安心できる療養環境の整っている医療機関へ家族とともに移動し，滞在する人もいるだろう．美しい地球を再確認するため海や山へ出かける，自然の偉大さや厳しさを体感できる場所に出かけて自然の中で人間が生かされていることを再認識することもあるだろう．しかし，決して，観光のために日常空間から離れることによって，危険にさらされる，不快な思いをする，恐怖におののくような体験をする，あるいは死期が早まるような運命となることのないようにすることが大切である．その意味においても，世界中の人々が様々な目的をもって観光する際には，倫理憲章は大変重要である．

2．グローバル・ツーリズム時代の到来

世界全体で見た場合のツーリズムの最近の動向について，UNWTO がまとめた「Tourism Highlights 2017 Edition」を概観してみたい[4)]．2016 年の国際観光については，国際観光客到着数総数は 12 億 3500 万人となっており，国際観光収入総額は 1 兆 2200 億米ドルとなっている．地域別には，ヨーロッパが 6 億 1600 万人で最も多くなっており，全体の 50% を占め，4470 億米ドル（全体の 37%）となっている．続いてアジア・太平洋地域で 3 億 800 万人と全体の 25% を占めており，3670 億米ドル（全体の 30%）となっており，米州が 1 億 9900 万人で全体の 16%，3130 億米ドル（全体の 26%）となっている．アフリカ，中東はまだ少なく，アフリカ 5800 万人で全体の 5%，350 億米ドル

（全体の 3%），中東 5400 万人で全体の 4%，580 億米ドル（全体の 5%）という状況となっている．長期予測としては，世界全体の国際観光客到着数は 2010 年から 2030 年の間に年 3.3% 増加し，2030 年には 18 億人に達するとされている．さらに，現在はまだ少ない新興国・地域のシェアは，1980 年の 30% から 2016 年には 45% に拡大しており，2030 年には 57% まで伸び，国際観光客到着数は 10 億人を超えると予測している．

世界ではこれまでにない数の旅行の目的地（デスティネーション：Destination）が開発され，観光関連の投資が行われ，観光は雇用と事業の創出，輸出収入，インフラ開発を通じ，社会経済の発展を牽引する重要な役割を果たしてきたとしている．国際観光は，過去 60 年間にわたり拡大と多様化を続け，世界最大かつ最速の成長を見せる経済部門の 1 つとなったことが示されている．また国際観光（デスティネーションにおける収入および旅客輸送を含む）は，過去 5 年間にわたり世界貿易を上回る成長を遂げており，2015 年の 6% から 1 ポイント上昇し，財・サービスにおける世界輸出の 7% を占めているとしている．実際に，国際観光，つまりグローバル・ツーリズムは，過去 5 年連続で世界の商品貿易より速く成長していることが報告されている．

さらに，世界全体の輸出部門として，観光は化学，燃料に次ぐ第 3 位であり，自動車関連や食料を上回ったとしている．2016 年の国際観光客到着数は，1950 年の 2500 万人から 2016 年には 12 億 3500 万人に達してきていることより，観光は発展，繁栄，幸福へのカギであるとしている．特に，今後は新興国・地域におけるデスティネーションの到着数が，先進国・地域におけるデスティネーションの到着数の 2 倍の速さで増加すると予測されている．

観光目的別で見てみると，2016 年における休暇旅行，レクリエーションおよびその他のレジャー目的の旅行は，すべての国際観光客到着数の過半数である 53% を占めており最も多くなっている．ビジネスおよび業務上の旅行が 13%，知人・親戚等訪問，宗教的目的および巡礼，健康治療などを目的とした旅行が 27% となっている．交通手段別では，55% が空路を利用しており，残りの 45% が陸路を利用していた．陸路の内訳は，道路が 39%，鉄道が 2%，航路が 4% となっている．空路の伸びは陸路よりも若干ペースが速く，空路のシェアが徐々に増加している．

休暇旅行やレクリエーション，レジャー目的が最も多いということは，心身のリフレッシュや転地効果が健康増進に繋がることを考えると，「ヘルス・ツーリズム」が最も多いと言える．また交通手段に空路が多いということは短い時間で移動距離が長いことも多いことが予測され，グローバル・ツーリズムにおいては，地球規模で様々な国の人々が地球のあちこちに移動し始めていることがうかがえる．このように，特定の国や地域ではなく，地球規模でのすべての国や地域間での人々の観光が本格化してきたと言える．観光という余暇活動が人々の QOL を高めていることは間違いないようである．世界中の国や地域がデスティネーションとなり，世界中の人々が集まり，消費する．グローバル・ツーリズムの時代の到来を感じる．

3. 訪日外国人観光の現状

世界各国から日本を訪れる外国人が増加し続けていることについては，様々な場面で耳にする事も多くなったことと思われる．2017 年 10 月の訪日外客数は，259 万 5000 人で，前年同月比の 21.5% 増となり，2016 年 10 月の 213 万 6000 人を 46 万人近く上回り，10 月として過去最高となった[5]．国別に見た場合の伸び率は，ロシアが最も高く前年同月比の 43.9% の伸び率を示しており，続いて韓国が 38.1%，ベトナムが 31.6%，中国も 31.1% と，各国とも 30% 以上の伸び率と大変高くなっている．その他には，台湾 18.8%，インドネシア 16.5%，フィリピン 14.7%，香港 11.1% と続いている．訪日外客数のシェアとしては，東アジアが 72.3% とかなりを占め，東南アジアやインドで 11.1%，欧米豪で 12.1% という実態となっている．東アジアの内訳は，中国が 66.4 万人でもっとも多く，韓国 62.1 万人，台湾 42.1 万人，香港 171. 万人となっている．

東アジアにおける地域別訪日旅行に関する市場の概況としては以下の通りとなっている[6]．

中国：前年同月比 31.1% 増の 66 万 3800 人で，10 月として過去最高を記録．今年は，中秋節休暇が国慶節休暇と重なり，8 連休となったことに加え，査証発給要件の緩和に伴う個人旅行の増加や，クルーズ船寄港数の増加，継続的な訪日プロモーションの効果などが後押しとなり，訪日数は好調に推移した．

韓国：前年同月比 38.1% 増加の 62 万 900 人で，10 月として過去最高を記録．今年は秋夕（旧盆休暇）が過去最高最長の 10 日間の大型連休となったことによる旅行需要の高まりや，休暇に合わせたチャーター便の就航に加え，継続的に行っている SNS を活用した情報発信や，大型連休に向けて展開した旅行会社の販売支援などの訪日旅行プロモーションも後押しとなり，訪日者数は引き続き好調に推移した．

台湾：前年同月比 18.8% 増の 42 万 1100 人で，10 月として過去最高を記録．今年は中秋節が 10 月に動いたことや，双十節に合わせた特別休日の設定で 4 連休となったことによる旅行需要の高まりに加え，季節需要に合わせた航空路線の拡充や継続的な訪日旅行プロモーションの効果が訪日需要を後押しし，訪日客数は堅調に推移した．

香港：前年同月比 11.1% の 17 万 1100 人で，10 月として過去最高

表V-1　訪日旅行に関する期待内容（実際の旅行中）中国・韓国

順位	中国	(%)	韓国	(%)
1	日本食を食べること	93.9	日本食を食べること	97.5
2	ショッピング	89.2	ショッピング	81.9
3	繁華街の街歩き	89.2	繁華街の街歩き	68.5
4	自然・景勝地観光	73.6	日本の酒を飲むこと（日本酒・焼酎等）	61.5
5	温泉入浴	48.4	自然・景勝地観光	54.6
6	旅館に宿泊	45.3	温泉入浴	32.7
7	日本の酒を飲むこと（日本酒・焼酎等）	30.5	旅館に宿泊	19.2
8	テーマパーク	22.7	テーマパーク	19.2
9	日本の歴史，伝統文化体験	17.2	日本の日常生活体験	13.1
10	美術館・博物館	13.9	美術館・博物館	12.5

出典：JNTO『訪日旅行データハンドブック』より一部抜粋して著者作成.

を記録．航空座席供給量の増加に加え，秋の訪日需要の喚起を目的としたSNSでの情報発信で，地方への誘客を目的としたPR動画の発信など，訪日プロモーションの効果も後押しとなり，訪日者数は堅調に推移した．なお，10月までの累計は185万1400人となり，過去最高であった2016年の年計（183万9193人）を超えた．

上記傾向より，政府が主導となってかなり積極的に働きかけていることがわかる．またそれぞれの国が日本に近いため，各国の休日の流れに合わせて，訪日客が増加していることがうかがえる．今後もさらに増加が期待できると思われる．

また，中国と韓国に関して訪日旅行に関する滞在中の期待内容の順位（上位10位まで）について見てみると表V-1の通りとなっている[7]．

さらに，中国と韓国の世界各国・地域への訪問者数の推移（上位

10位）については，表V-2に示す通りとなっている[8]．

表V-1から言えることは，まず，中国，韓国とも「日本食を食べること」が最も高いことである．日本食の人気の高さがうかがえると同時に，観光する目的には「食べる」ことが含まれており，つまり元気に食べることが旅の楽しみの1つと言える．さらに，ショッピングや繁華街での街歩きの他には，両国の上位には温泉入浴や自然・景勝地観光も含まれていることから，食や温泉，自然とまさに「ヘルス・ツーリズム」と言える状況が確認できる．グローバル・ツーリズムの目的の中にはヘルス・ツーリズム的要素が多く含まれていることが推察される．

次に表V-2を見てみると，中国人にとって旅行先として最も人気のある国は香港を除くと，タイとなっており，日本は韓国に続いて第5位となっている．一方，韓国人にとって最も人気のある国は，中国が第1で，日本は中国に続いて第2位と大変高くなっている．アメリカは，中国人では第7位，韓国人では第3位となっている．上位10位にはどちらの国もアジアの諸国が多く入っている．今後もこの傾向は続くと思われる．

次に具体的な訪日外国人消費動向を見てみると，2017年7月～9月期の訪日外国人旅行消費額は1兆2305億円で，前年同期の9716億円に比べ26.7%増加している．訪日外国人1人当たり旅行支出は16万5412円で，前年同期の15万5123円に比べ，6.6%の増加となっている．インバウンドによる経済効果が表れている[9]．

訪日外国人1人当たり旅行支出は，16万5412円で，前年同期（15万5123円）に比べ6.6%増加した．国籍・地域別に見てみると，額が上位の国は，ベトナムが約26万円（前年比60.5%増），中国が約23万8000円（前年比4.6%増），フランス約23万5000円（前年比31.5%）の順となっている．ベトナムの前年比伸び率はかなりとなっているが，

表V-2　世界各国・地域への中国人・韓国人訪問者数の推移（2011～2015年）

順位	中国	韓国
1	香港	中国
2	タイ	日本
3	マカオ	アメリカ
4	韓国	タイ
5	日本	フィリピン
6	台湾	ベトナム
7	アメリカ	香港
8	フランス	台湾
9	シンガポール	シンガポール
10	ミャンマー	グアム

出典：JNTO『訪日旅行データハンドブック』より一部抜粋して著者作成.

この他，前年比伸び率の高い国は，タイ15万5627円（前年比26.8%），インド18万5562円（前年比21.5%）スペイン22万8571円（前年比12.5%）となっている.

さらに国籍・地域別にみた訪日外国人旅行消費額を見てみると，中国が5432億円，（構成比44.1%）と最も大きく，ついで台湾1490億円（同12.1%），韓国1361億円（同11.1%），香港941億円（同7.6%），アメリカ618億円（同5.0%）の順となっており，これら上位5か国・地域で全体の80.0%を占めている．費目別訪日外国人旅行消費額の構成比については，買物代が4204億円（34.2%）と最も多くなっており，次いで宿泊料金3655億円（29.7%），飲食費2591億円（21.1%）の順で多くなっている．国籍・地域別の訪日外国人費目別旅行消費額の伸び率が高い国は，ベトナムが最も大きく前年比118.1%となっており，韓国が49.9%，フランスが39.3%，インドが36.1%，香港34.7%，ロシア 33.7% と上位を占めている.

これらの傾向からうかがえることは，ベトナムの経済成長が著しく，訪日客として多くの買い物をしていることがわかる．また韓国人も大変多く日本を訪れ，買物をしている傾向が確認できる．全体を通して，ロシアやフランスなどからも多くの外国人が訪れている傾向がうかがえる．世界中に約 200 か国の国々があるが，訪日外国人は 10 か国程度の国々の人々が多いことがわかる.

4. スポーツ・ツーリズム

オリンピックは，選手とコーチや家族などの関係者の他に，世界中の人々が観戦のために開催国に様々な交通手段を使って移動し，滞在するツーリズムの代表と言える．また，運動することは健康の保持・増進には大変重要であり，運動（実際にスポーツを実践する者も観戦のために会場に集う者も含まれる）+ ツーリズムというメニューであるスポーツ・ツーリズムはヘルス・ツーリズムの 1 つの重要な要素と言える.

また，オリンピックは地域や都市がもつインフラ（スポーツ施設や道路など）や自然資源（海，山，川，森など）を最大活用したスポーツイベントの開催であるため，地域が活性化するためには欠かせない要素であり，スポーツ・ツーリズムは地域を元気にする元ともなる．スポーツイベントは，開催の目的，種目，規模の 3 つの軸からいくつかに分類され，開催目的の軸からは「トップスポーツイベント」と「生涯スポーツイベント」に大別される[10)]．また，規模では，「国際レベル」，「複数国レベル」，「全国レベル」，「地域レベル」に分けられるが，オリンピックはまさに「国際レベル」でのトップスポーツイベントであり，ビッグヘルス・ツーリズムの 1 つと言える.

1）スポーツ基本法

2020年の東京オリンピック・パラリンピック開催に向け，日本全体が活気づいてきているが，オリンピックと健康との関係はわが国においては大変深い関係にある．日本における健康増進対策は第二次世界大戦後から栄養改善のための施策がまず行われた．しかし疾病の予防や治療対策にとどまらず積極的な健康増進を図るための施策が講じられたのは，1964年東京オリンピック終了後，健康・体力づくりブームが高まった頃からである．現在では，オリンピック開催前よりすでにその気運が高まっていると言える．

その背景には，1961年の国民皆保険制度成立の年に制定された「スポーツ振興法」が2011年に全面改定され，「スポーツ基本法」が施行されたことが影響していると思われる．本法律は，スポーツを世界共通の人類の文化であるとした上で，国民の心身の健全な発達，明るく豊かな国民生活の形成，活力ある社会の実現および国際社会の調和ある発展に寄与することを目的としている．基本理念には以下の内容が含まれている．

1　スポーツは，これを通じて幸福で豊かな生活を営むことが人々の権利であることに鑑み，国民が生涯にわたりあらゆる機会とあらゆる場所において，自主的かつ自律的にその適性及び健康状態に応じて行うことができるようにすることを旨として，推進されなければならない．

2　スポーツは，人々がその居住する地域において，主体的に協働することにより身近に親しむことができるようにするとともに，当該地域における全ての世代の人々の交流が促進され，かつ地域間の交流の基盤が形成されるものとなるよう推進されなければならない．

3　スポーツは，スポーツに係る国際的な交流及び貢献を推進することにより，国際相互理解の増進及び国際平和に寄与するものとなるよう推進されなければならない．

私たち人間は動物であり，運動することが栄養や休養とならび健康増進にとって大切な要素であることは周知の事実である．しかしながら，現代社会は大変便利になり，移動手段に自動車を利用することにより運動量が減少してきた．また，インターネットによる通信販売などの普及により，自宅にいながら衣・食その他生活必需品が手に入るようになり，ここでもまた運動量が減少してきている．総じて日常生活に運動することが少なくなってきているのである．

運動の種類も様々あり，筋活動や消費する栄養分，運動の強度や長さ，種類などにより，酸素を必要としない「無酸素性運動（anaerobic exercise)」や酸素の関与が必要な「有酸素性運動（aerobic exercise)」に大別される．「無酸素性運動（anaerobic exercise)」には，筋肉を収縮させるためのエネルギーを，酸素を使わずに作り出し，瞬間的な強い力を必要とする筋力トレーニングや短距離走などが該当し，「有酸素性運動（aerobic exercise)」には，筋肉を収縮させるためのエネルギーを呼吸によって体内に取り入れた酸素を使って作り出す，ウォーキングやエアロビクスやサイクリングなど，継続的で比較的弱い力を必要とする運動が含まれる．それぞれの運動の特徴を活かした効果的な運動を個々人が心がける必要がある．

2）第2期スポーツ基本計画とスポーツ・ツーリズム推進基本方針

2017年3月，第2期スポーツ基本計画が策定された．スポーツ基本計画は，上述の「スポーツ基本法」の理念を具体化し，国，地方公共団体及びスポーツ団体等の関係者が一体となってスポーツ立国の実現を目指すための重要な指針となるものである．第2期スポーツ基本計画では，中長期的なスポーツ政策の基本方針として，以下の4つの方針と今後5年間のスポーツに関する4つの施策の柱を打ち出している[11]．

【4つの基本方針】

スポーツで「人生」が変わる！――スポーツで人生を健康で生き生きとしたものにできる

スポーツで「社会」を変える！――共生社会，健康長寿社会の実現，経済・地域の活性化に貢献できる

スポーツで「世界」とつながる！――多様性を尊重する世界，持続可能で逆境に強い世界，クリーンでフェアな世界に貢献できる

スポーツで「未来」を創る！――2020年東京オリンピック・パラリンピック競技大会等を好機として，スポーツで人々がつながる国民運動を展開し，レガシーとして「一億総スポーツ社会」を実現する．

【4つのスポーツに関する施策】

1　スポーツを「する」，「みる」，「ささえる」，スポーツ参画人口の拡大と，そのための人材育成・場の充実
2　スポーツを通じた活力があり絆（きずな）の強い社会の実現
3　国際競争力の向上に向けた強力で持続可能な人材育成や環境整備
4　クリーンでフェアなスポーツの推進によるスポーツの価値の向上

さらに，具体的な数値目標としては，①週1回のスポーツ実施率を現在の42%から65%にする，②スポーツをする時間を持ちたいと思う中学生の割合を現在の58%から80%にする，③障がい者の週1回のスポーツ実施率を現在の19%から40%にする，④スポーツ市場規

模を現在の5.5兆円から2025年には15兆円とする，⑤スポーツ・ツーリズムの関連消費額を現在の2204億円から3800億円とすることなどを目標として打ち出している．

スポーツ・ツーリズムに関しては，すでに2011年に「スポーツツーリズム推進基本方針」が策定されている[12]．基本方針では，スポーツ・ツーリズムとは，日本の優位なスポーツ資源とツーリズムの融合であるとし，スポーツ・ツーリズムは，スポーツを「観る」「する」ための旅行そのものや周辺地域観光に加え，スポーツを「支える」人々との交流，あるいは生涯スポーツの観点からビジネスなどの多目的での旅行者に対し，旅行先の地域でも主体的にスポーツに親しむことのできる環境の整備，国際競技大会の招致・開催，合宿の招致も包含した，複合的でこれまでにない「豊かな旅行スタイルの創造」を目指すものであるとしている．

また，スポーツとツーリズムを意図的に融合させることで，目的地へ旅する明確な理由を作り出し，新しい価値・感動と共に，新たなビジネス・環境を創出することが可能であるとしている．スポーツ・ツーリズムを推進する使命・目標は，スポーツ・ツーリズムによる「より豊かなニッポン観光の創造」であるとしている．さらにこの使命・目標は，スポーツを通じて新しい旅行の魅力を創り出し，日本の保有する多種多様な地域の観光資源を顕在化させるといった，“スポーツをテーマにした観光魅力化による感動の実現”を意味することが示されている．この使命・目標を関係者が共通に理解し，訪日外国人旅行者の増加および，国内観光旅行の活性化を図っていくことが求められている．

スポーツ・ツーリズムの推進に向けた基本的方向として全部で以下の5つの方策が示されている．

1　魅せるスポーツコンテンツづくりとスポーツ観光まちづくり
・まちづくり施策と連動した地域固有のスポーツコンテンツ開発
・地方公共団体・スポーツ団体・観光団体・企業の地域連携・協働によるスポーツコミッションの設立促進
・情報整理・発信強化，多言語対応等の受入インフラの整備
2　国際競技大会の積極的な招致・開催
・招致・開催への積極的な挑戦によるノウハウの構築
・国際競技大会招致に向けた国家的な支援体制づくり
・関係者との情報共有と地域住民の理解・協力による規制への対処
・招致・開催後のマーケティングやプロモーションによる更なる広がり
3　旅行商品化と情報発信の推進
・日本のスポーツ・ツーリズムブランドの構築と積極的な魅力発信
・外国人旅行者向けのチケット販売方法の構築と多言語での情報発信
・きめ細かいニーズ調査と幅広い商品開発，集中特化したプロモーション
・国内におけるスポーツ・ツーリズム推進の機運醸成と顕彰制度の創設
4　スポーツ・ツーリズム人材の育成・活用
・スポーツ・ツーリズムを担う人材認定制度の創設と人材情報の集約
・トップアスリートの経験を生かしたセカンドキャリアとしての人材活用
・外国人を活用した国際的に通用するコンテンツづくりと情報発信
・大学等での教育機会や幼少期からのスポーツと旅の機会の充実
5　オールジャパンのスポーツ・ツーリズム推進連携組織の創設
・全国のスポーツ団体・観光団体・企業のネットワークを強化し，上記1～4の支援を中心に海外との窓口となって我が国のスポー

ツ・ツーリズムを推進

これらの方策に沿って，実証実験・調査→マーケティング→経済効果を生み出し，観光立国の実現を目指すこととしている．

さらに，スポーツ・ツーリズム推進基本方針では，スポーツ・ツーリズムの可能性の検証を行っており，スポーツツアーを売り込む国別戦略として，韓国・中国・台湾・オーストラリアのターゲット国ニーズ調査の結果を踏まえ，国別の「観る」,「する」スポーツのジャンル，周辺観光との組み合わせ方，情報提供方法を考慮した戦略的ツアー造成が必要であるとしており，以下の表V-3が，スポーツに限って質問した中国人，韓国人の日本で観戦・参加してみたいスポーツの順位一覧である[13]．これらを見ると，相撲やプロ野球観戦などが，人気が高いようである．

以上のように，国の支援も十分にある中で，わが国の優れたスポーツ資源と旅行や観光を組み合わせて，オールジャパン体制でスポーツ・ツーリズムを推進するための組織として「一般社団法人日本スポーツ・ツーリズム推進機構（JSTA：Japan Sport Tourism Alliance)」が2012年に設立されている[14]．JSTAは，2015年に設置されたスポーツ庁とも連携を深め，スポーツ・ツーリズムによる地域振興に寄与すべく，ネットワークやノウハウを提供している．

さらに，スポーツによる国際交流や国際的な社会発展・経済発展に及ぼす効果・可能性等が国際的な関心を集めつつある中で，国連平和と開発のためのスポーツ局（United Nations Office on Sport for Development and Peace：UNOSDP）は，スポーツを通じた平和と開発の実現を定めたミレニアム・ディベロップメント・ゴール（Millennium Development Goal）を達成するため，「開発と平和のためのスポーツ事務総長特別顧問」を補佐している．特に，スポーツ団体，市

表V-3　日本で観戦・参加してみたいスポーツ（n = 400）　（%）

順位	中国	(%)	韓国	(%)
1	相撲観戦	54.0	プロ野球観戦	42.0
2	プロ野球観戦	44.5	雪山での雪遊び・スノーシュー・ソリなど	37.3
3	スキー	42.5	相撲観戦	23.5
4	柔道など武道観戦	41.8	スキー	20.8
5	プロサッカー（Jリーグ）観戦	40.0	スノーボード	16.3
6	バレーボール国際大会観戦	36.8	フィギュアスケート大会の観戦	15.8
7	フィギュアスケート大会の観戦	31.5	F1の観戦	15.5
8	ゴルフ	27.5	プロサッカー（Jリーグ）観戦	14.0
9	雪山での雪遊び・スノーシュー・ソリ等	27.5	ゴルフ	13.5
10	F1の観戦	24.3	柔道などの武道観戦	9.5

出典：『スポーツツーリズム推進基本方針』より一部抜粋.

民社会，スポーツ選手，民間部門の参加を通して，スポーツと開発の世界を1つにまとめ，対話，知識の共有，パートナーシップを通して，UNOSDPは，スポーツを教育と健康のための道具として利用することに関心を持つすべての関係者に分野横断的かつ学際的な交流を奨励している[15]．UNOSDPは，「教育や健康を促進し，発展し，平和をもたらす手段」と捉え，①スポーツと子供や若者の成長，②スポーツとジェンダー，③スポーツと平和，④スポーツと障がい者，⑤スポーツと健康の5つのテーマ別ワーキングにより活動を展開している[16]．

わが国も，スポーツ庁を中心に，UNOSDPと連携をしながら，スポーツによる国際交流を通じてスポーツのもつ価値の共有をはかり，日本の国際的な地位の向上を目指している[17]．

原田宗彦らは，スポーツと健康を組み合わせたスポーツ・ヘルス・

ツーリズムは，体力増進や心のリフレッシュを目的とした「身体や心をよりよく（improve）する」旅行形態であり，手術などの医療を目的とした「身体の問題を解決（improve）する」旅行形態とは異なるとしており，スポーツ・ツーリズムは健康問題をすぐに解決する性質は備えておらず，人々に楽しみを提供し，リフレッシュさせ，結果として身体や心をよりよくする性質を持つ旅行形態であるとしている．また，スポーツ・ヘルス・ツーリズムの研究対象は，「スポーツによる楽しみや気晴らしなどのレジャー的性格と健康を組み合わせ，人々の身体や心の健康をよりよくするための旅行形態」ととらえることで，より実際の旅行形態との整合性を取ることができると分析している[18]．

3）アクティブレジャー認証（AL 認証）制度の開始

人口高齢化がますます進む中，医療費の高騰や介護現場の疲弊などにより，健康寿命を延伸することが急務となっているわが国においては，健康に関連するビジネスの創出や質が強く求められてきている．「日本再興戦略 2016――第 4 次産業革命に向けて」でも取り上げられており，エビデンスに基づく質の高いサービス市場の構築において，運動等のヘルスケア・サービスに関しては，アクティブレジャーやヘルス・ツーリズム等の認証制度の普及が必要とされている．

実際に経済産業省が中心となり制度設計された認証制度が 2016 年よりスタートしている．日本経済にとっても成長が期待されるヘルスケア産業政策の基本的な考え方は，人生 90 年時代も間近となった今，国民が健康を管理する習慣を持ち，健康を維持することで長期にわたる社会参加を可能にし，社会への関わりがさらなる健康の維持に役立つという正の循環により成熟社会が実現できるとするものである．

各省庁連携と学識経験者で構成される『次世代ヘルスケア産業協議会』から出された「生涯現役社会の構築に向けたアクションプラン

2016」では，誰もが人生を最期まで幸福に生きるために立ちはだかる4つの壁（課題）を提示している．①身体の壁（いわゆる現役時代から適切な健康管理が行われていない），②価値観の壁（リタイア後の生活設計や生き方についての意識が低い），③選択肢の壁（高齢者に適した柔軟な働き方や利用可能なサービスが少ない），④情報の壁（自らに適した働き方や良質なサービスにたどりつけない）であり，これら4つの壁を国民が乗り越えることを手助けするヘルスケア産業の育成が必要であるとしている[19]．

アクティブレジャー認証（AL認証）は，健康運動サービスの品質を評価し，公表することで，サービス品質の可視化を行う第三者認証であり，日本規格協会が実施している[20]．健康運動サービスには，健康維持・増進，生活習慣病予防・介護予防などを目的として利用される医療・介護保険外の運動サービスが含まれるとしており，あらゆる業種・業態・規模の運動サービス提供者が活用でき，信頼性・客観性を持ってヘルスケア市場におけるプレゼンスを向上させることが期待できるとしている．

想定されている具体的なアクティブレジャー提供事業所としては，①フィットネスクラブ（総合型フィットネスクラブ約3500，サーキット型フィットネスや単体型のクラブなどを加えて約7000），②総合型地域スポーツクラブ（約3000），③スポーツ施設提供業としてテニス場約1500，ボウリング場約1000，卓球場約2700，アスレチック場約600，④大型テーマパーク，温泉テーマパーク，遊園地など約200，⑤ダンス系，フィットネス系，ヨガ，ピラティス系，太極拳などの身体活動量をアップさせる教室を持つカルチャーセンターなど約700，⑥グリーン・ツーリズム（山や森林を中心としたツーリズム），ブルー・ツーリズム（海を中心としたツーリズム），ヘルス・ツーリズム，産業観光，文化観光などの着地型観光施設を担う環境事業者約5500

表Ⅴ-4　アクティブレジャーの４つの価値を担保する主な品質要件

サービス一般品質	サービス提供スタッフの接遇など，サービス提供時の信頼性・反応性・確実性・共感性・有形性を実現する仕組があるか
継続性	運動習慣のない人々に対し，きっかけを与えうる魅力ある商品設計の仕組みがあるか．商品提供時に内発的動機付けを醸成しうる行為を実施する仕組があるか．
安全性	運動強度など，安全面での要件を満たした商品設計がなされているか．健康状態・リスクの有無を把握し，安全に提供できる仕組みがあるか．提供中の安全管理，設備・用具の管理，緊急事態の対応等の仕組みがあるか．
効果	運動量など効果面での要件を満たした商品設計がなされているか．顧客に約束した効果（心理的効果も含む）を認識させる仕組みがあるか．告知の際に，合理的な根拠のない効能・効果の発生を想起させる表現をしていないか．

出典：日本規格協会『アクティブレジャー（AL）認証のご案内』2016 年２月１日版より．

と幅広い．

アクティブレジャーの要件は，スポーツだけでなく，趣味やお稽古事，野菜作り，舞踊，ゴルフ，カメラ，ペット，史跡めぐり等，カルチャー系・レジャー系のアクティビティまで，体を動かすことであれば，ありとあらゆるものがアクティブレジャーの対象になるとしており，こちらもかなり幅が広くなっている．また，AL 認証の認証基準は，アクティブレジャー商品（AL 商品）の品質を構成する要素として，「サービス一般品質（おもてなし）」，「サービス」，「継続性」，「安全性」，「効果」の４つの柱が提示されており，これらの切り口で認証される．具体的な内容は表Ⅴ-4 に示す通りである．

さらに，アクティブレジャーは，外発的動機付けによる「つまらない，つらい」を辛抱して参加する指導的なものではなく，内発的動機付けによって，利用者自らが楽しんで取り組む，安全・運動の効果が担保されているサービスであるとしており，運動の習慣化を図る領域を，「運動指導」から「アクティブレジャー」に広げることにより，約400万人と言われているフィットネス利用者から，運動の習慣化を図らなければならないより多くの国民を取り込むことが可能となり，その数を4000～5000万人と想定している．

上記対象としている健康運動サービスとその内容は，スポーツ・ヘルス・ツーリズムを広義に捉えた場合，含まれる．これらの認証制度の対象としている各サービスの普及により，健康増進および介護予防が促進されることが期待される．残念ながら肝心の国民にはまだ十分に周知されていないようであるが，今後人々が少しでも明るく暮らせる社会に貢献できる認証制度であることを期待したい．

4）ロコモティブシンドロームの予防

「ロコモティブシンドローム（locomotive syndrome）」は，日本語名では「運動器症候群」と呼ばれており，2007年に日本整形外科学会（The Japanese Orthopaedic Association）が提唱した言葉である[21]．ロコモティブ（locomotive）は，運動という意味であり，能動的な意味合いを持つ言葉である．ロコモティブシンドロームは，筋肉，骨，関節，軟骨，椎間板などといった運動器のいずれか，あるいは複数に障害が起こり，「立つ」，「歩く」といった機能が低下している状態を指す．進行すると日常生活にも支障が生じることより，生活の質（Quality of Life）が著しく低下する原因でもある．

運動器の障害の原因には色々あるが，大別すると，「運動器自体の疾患」と，「加齢による運動機能不全」があり，特に後者の「加齢による運動機能不全」では，筋力低下，反応時間延長，運動速度の低下，巧緻性低下，深部感覚低下，バランス能力低下などがあげられ，「閉じこもり」などで運動不足になると，これらの筋力やバランス能力の低下などが生じ，運動機能の低下により容易に転倒しやすくなるとされている．実際の病院や介護施設などの臨床現場においても，高齢者の転倒・転落事故が多く発生しており，運動器の障害のために移動機能が低下した状態の患者や利用者が増えてきている．

また，ロコモティブシンドロームは，「寝たきり」や「要介護状態」の主要な原因となっており，今後の介護予防の視点からも，運動機能の維持を図るべく，日常生活における積極的な運動への取り組みが個々の人々に求められているといえる．日本整形外科学会では７つのチェック項目を提示しており（①片脚立ちで靴下がはけない，②家の中でつまずいたりすべったりする，③階段を上がるのに手すりが必要である，④家のやや重い仕事が困難である，⑤ 2kg 程度の買い物をして持ち帰るのが困難である，⑥ 15 分くらい続けて歩くことができない，⑦横断歩道を青信号で渡りきれない），１つでも当てはまる場合には，予防のためのトレーニングを始めることを推奨している．

人間が自身の身体を自由に動かすことができるのは，骨，関節，筋肉や神経で構成される運動器の働きによるものであり，骨，関節，筋肉はそれぞれが連携して働き，どれか１つが悪くても身体はうまく動かないことからすると，日ごろからの取り組みが人間にとって大変重要であることがわかる．日常生活の中に，運動する習慣を取り入れることによって，毎日の生活がより健康で楽しいものになることに対する認識が大切である．

ロコトレ（ロコモーショントレーニング）として，２つの運動習慣（①バランス能力をつけるロコトレ（片脚立ち），②下肢筋力をつけるロコトレ（スクワット）：立ち座りの動作）が提唱されており，各々のペースで，無理せず，毎日続けることにより，いつまでも元気な足腰を維持することを心がけることによって，寝たきりにならず，健康寿命も延びるとしている．

何かしらの目的をもって，ある場所に歩いて通い，運動機能を維持・向上させることは，超高齢社会の日本にとって大変大切であり，予防効果が高いと思われる．ロコモティブシンドロームは，毎日の心がけ次第でかなり予防できることを忘れないでいただきたい．

以上のように，ツーリズムとまでは呼べない身近で移動も少ないものも含め，運動することにより，私達動物である人間の健康寿命は明らかに伸びることを考え，人生設計の中に，グローバルでダイナミックなスポーツ・ツーリズムを取り入れ，また，日常生活には習慣化できる身近なスポーツを取り入れ，家の中でも運動する習慣を上手に取り入れることが生き抜くためには必要である．ビジネスとしての発展においても，それぞれの関連性を十分に考慮し，連携や協力しながら発展していくことが期待される．

5. メディカル・ツーリズム（Medical Tourism）

ツーリズムの中でも，多くの場合，病気の治療や療養のために，別の国に移動し，滞在する直接命に関わるツーリズムがメディカル・ツーリズムである．本来ならば，異国に移動する，知らない土地に行くということは，刺激にもなるが，大変ストレスな場合も多い．また移動し，慣れない場所に滞在することは，体力も気力も必要とする．しかしながら，それでもメディカル・ツーリズムがにわかに人気となってきているのは何故だろうか．メディカル・ツーリズムには様々なパターンが考えられるが，まずは，直接命に関わることであるので，世界中の患者が世界中の医師や病院を世界レベルで比較し，ハイクオリティな診療や治療，手術を求めることが挙げられる．究極のヘルスケアの質を求め，移動費用や治療費などは気にせず，グローバルに移動し，滞在する，まさにメディカル・ツーリズムである．

一方で，メディカル・ツーリズムが必要とされてきた背景には，各国が異なるヘルスケア・システムのもとでヘルスケア・サービスが提供されている中，医療機器の設備の違いや医薬品を含む医療費の違いにより，類似の治療に関し，国が異なることにより，コストも違っており，特に医療費の高い国からより安価で治療や手術，療養を受けられる国に向かって，多少のリスクは承知の上でまさに命を懸けて移動すること，これもまたメディカル・ツーリズムである．メディカル・ツーリズムが真に進んでいくためには，すでに論じたグローバル・スタンダードに基づく第三者による評価を含めたヘルスケアの質保証は欠かせない．

1）Medical Excellence JAPAN

日本の病院で，診断，治療，健診・検診を希望する海外からの渡航受診者の受入を促進するため，渡航受診者の受入に意欲と体制，取組のある病院を推奨し，政府と協調して海外へ病院情報を発信するMedical Excellence JAPAN（MEJ）が立ち上がっている[22]．MEJでは，日本の優れた医療には，①総合医療（Quality Care），②低侵襲治療，その他の高度医療（Advanced Technologies），③個別化医療，健診と検診と歯科医療（Japanese Hospitality）の3つの特徴があるとしている．

MEJでは公募してきた病院に対し，スタンダードに基づき審査を行い，ジャパンインターナショナルホスピタルズ（Japan International Hospitals）として，海外へ推奨病院の情報を発信しており，病名からあるいは診察科名から渡航受入者を受け入れる病院を検索できるWEBサイトを公開している[23]．

図V-1はMEJが外国人患者などのメディカル・ツーリストを受け入れる仕組みである．認証医療渡航支援企業が間に立ち，病院と海外の

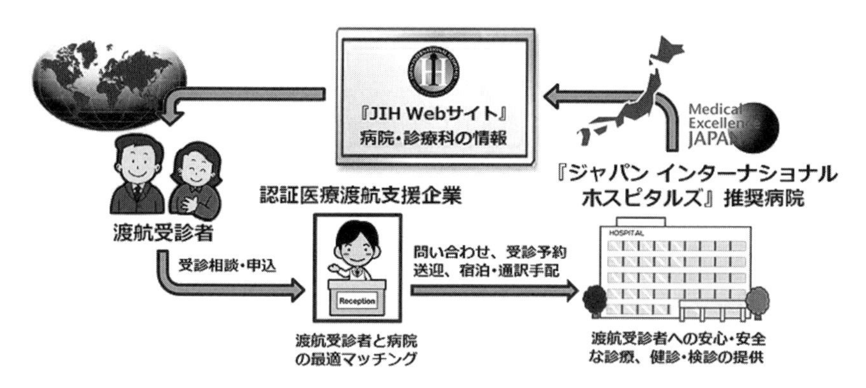

図V-1　MEJ 海外渡航者受入の仕組み
出典：MEJ ホームページより.

患者や検診受診者とのマッチングを行うシステムとなっている．表V-5は，2017 年 7 月 31 日現在のジャパンインターナショナルホスピタルズ推奨病院 35 病院の一覧である．また，表V-6 は，ジャパンインターナショナルホスピタルズを認定する際の評価基準である．いよいよ日本も本格的なメディカル・ツーリズムを受け入れるようになってきたと言える．今後もインターナショナルホスピタルズが増えていくことが期待される．

また，わが国においては，メディカル・ツーリズムの普及および発展に寄与することを目的として，一般社団法人メディカル・ツーリズム協会が設立されており，人々が住んでいる地域や国を越えて，世界中から自分自身に最適な医療を選択し受診することができる社会の創造に貢献することを活動のねらいとしている[24)]．一般社団法人メディカル・ツーリズム協会の具体的な活動は以下の通りとなっている．

・メディカル・ツーリズム協会は，全ての健康を望む人たちにとって健康管理に役立てていただける情報源を提供する．

表Ⅴ-5 ジャパンインターナショナルホスピタルズ　推奨病院・診療科（2017年7月31日現在）35病院

福岡県済生会福岡総合病院／福岡記念病院／米盛病院／大阪大学医学部附属病院／総合病院聖隷浜松病院／相澤病院／亀田総合病院／足利赤十字病院／筑波大学附属病院／仙台厚生病院／総合南東北病院／北斗病院／東京大学医学部附属病院／国立がん研究センター中央病院／国立国際医療研究センター病院／がん研究会有明病院／慶應義塾大学病院／聖路加国際病院／虎ノ門病院／東京高輪病院／順天堂大学医学部附属順天堂医院／国際医療福祉大学三田病院／国立成育医療研究センター病院／榊原記念病院／NTT東日本関東病院／国立がん研究センター東病院／千葉大学医学部附属病院／藤田保健衛生大学病院／日本医科大学千葉北総病院／東京都済生会中央病院／山王病院／兵庫県立粒子線医療センター／福岡山王病院／長崎大学病院／南部徳洲会病院

出典：MEJホームページより．

・メディカル・ツーリズム協会は，国内・国外を問わず，最新の治療や検査の選択肢について，最も適した道を選択するための指針となる情報を収集・整理して提供する．
・メディカル・ツーリズム協会は，メディカルトラベル，医療ツーリズムに必要な支援サービスについても情報を広く集め，全方位から患者さんの支援が出来るよう情報を提供する．
・メディカル・ツーリズム協会は，新しい診断・検査方法，治療方法の確立に取り組む，医療機関や医療従事者の情報を収集，整理して提供する．
・メディカル・ツーリズム協会は，新しい診断・検査方法，治療方法の確立のため，医療機関や医療従事者の研究・調査活動を積極的に支援する．

上記目的に基づき，メディカル・ツーリズム協会は，既に論じたJCIやJMIP認定病院の情報および，MEJの情報も提供している．ここからもわかる通り，今後は様々な病院や医師をはじめとする医療従事者に関する情報を国内外の人々に向け発信していくことで，病院選

表V-6　MEJ 評価基準表

I．渡航受診者受入のための組織運営
　1．渡航受診者受入の基本方針
　　1）渡航受診者受入に関する基本方針を作成している
　　2）渡航受診者受入の基本計画を作成している
　2．渡航受診者受入の組織体制の確立
　　1）渡航受診者受入の担当部署を設置し，役割や責任を明確にしている
　　2）渡航受診者受入における医事部門の役割や責任を明確にしている
　　3）渡航受診者の受入診療科（あるいは検診部門）の役割や責任を明確にしている
　　4）渡航受診者の看護を組織的に対応している
　　5）受入れ診療科に関係する検査部門などの役割や責任を明確にしている
　　6）渡航受診者受入の全体の業務フロー図を作成している
　　7）渡航受診者受入の関係者を集めて会議を開催している
　3．来日前の問い合わせ・受診申込・予約の対応
　　1）渡航受診者や家族からの問い合わせの対応が適切である
　　2）渡航受診者や家族からの受診申込の対応が適切である
　　3）概算見積および受入判定が適切である
　　4）渡航受診者や家族からの予約申込の対応が適切である
　　5）渡航支援企業からの受診申込・予約の対応が適切である
　4．来院時の受付の対応
　　1）来院時の受付の対応が適切である
　　2）渡航受診者や家族とコミュニケーションが適切に取れている
　5．医療費（あるいは受診料）の請求
　　1）医療費（あるいは受診料）の請求が適切である
　6．基本管理
　　1）感染防止・制御が適切である
　　2）安全管理が確立している
　　3）渡航受診者の急変時に緊急対応する仕組みがある
　　4）臨床検査の精度管理を実施している
　7．受診者が安心して快適に受診できる環境の提供
　　1）渡航受診者や家族が安心して受診できる環境を提供している
　　2）渡航受診者や家族が快適に受診できる環境を提供している
　　3）渡航受診者や家族の宗教・習慣の違いに配慮している
　　4）医療サービス全般の継続した改善に取り組んでいる

II．渡航受診者に提供する医療（あるいは健診・検診）
　1．渡航受診者に安心・安全な医療（あるいは健診・検診）を提供している
　　1）渡航受診者に安心・安全な医療（あるいは健診・検診）を提供している

2）渡航受診者に適切な医療（健診・検診）を提供している
3）医師の体制が整っている
4）チーム医療を適切に行っている
5）診療内容の見直しなどを適切に行っている
6）渡航受診者や家族への診療（退院）後の指導を適切に行っている

Ⅲ．試行的な取組みへの協力のお願い
1．認証医療渡航支援企業を通じた渡航受診者受入の協力
1）認証医療渡航支援企業を通じた渡航受診者受入に協力する
2．認証組織や医療国際展開タスクフォースとの情報交換，調査等の協力
1）国際展開タスクフォースとの情報交換，調査等に協力する

出典：MEJ ホームページより．

択や決定のための支援を行うニーズに役立つ情報提供が充実していくことと思われる．

2）グローバル・メディカル・ツーリズム

日本においてメディカル・ツーリズムが本格化してきたのはここ最近であるが，欧米を中心に海外においては，すでにかなり多くの患者がメディカル・ツーリズムによって自国外において手術や様々な治療を受けている．患者用のノウハウ本も多く出版されており，賢いメディカル・ツーリストになるためにはどのような視点が重要であるかについて啓蒙されている．

これまで 35 か国 200 以上の医療施設のメディカル・ツーリズムをアレンジしてきたジョセフ・ウッドマン（JOSEF WOODMAN）が示す，知的にメディカルツアーを計画するための 12 のコツは以下に示す通りとなっている[25)]．

ステップ 1：治療オプションを確認する
ステップ 2：行き先の範囲を狭める

ステップ 3：メディカルツアー専門の代理店に任せる
ステップ 4：楽しく頼りになる同伴者を選ぶ
ステップ 5：腕の確かな医師を見つける
ステップ 6：病院やクリニックについて調べる
ステップ 7：医師の経歴を確かめる
ステップ 8：自分の医療データを集める
ステップ 9：保養地を手配する
ステップ10：観光する
ステップ11：飛行機とホテルを予約する
ステップ12：所持品を何度もチェックする

特に「ステップ2：行き先の範囲を狭める」では，大がかりな手術を受ける場合には自分の受けたい手術の実施件数が多く，手術成績が公開されている大きな病院を薦めている．また，「ステップ5：腕の確かな医師を見つける」については，英語しか話せない場合には，メディカルツアーでは関係者に英語しか使わないよう言うべきであるとしている．その理由は自分の健康は重要な問題すぎるので，重要な情報を翻訳しそこなうリスクをできるだけ避け，自身が話す言語を話せるスタッフがいないところは止めるべきであるとしている．さらに，性格のいい医師より，腕のいい医師を選ぶべきであるとしており，医師を選ぶときには，医師の人柄を評価するのは後回しにして，まずは手術の腕や専門医かどうかをみることが重要であるとしている．さらに具体的に治療してくれる医師に，以下の10の質問をするべきであるとしている．

1　資格や経歴はどうか？
2　1か月に診察している患者数はどのくらいか？

3　どんな組織に属しているか？
4　自分と同じ病気の患者をこれまで何人治療したか？
5　初診料はどのくらいか？
6　治療の前後や治療中に医師の携帯に直接連絡できるかどうか？
7　病気の様子や治療方法の選択のために，どんな情報が必要なのか？
8　クリニックや病院では，医師1人で処置をするのか，それともチームで対応するのか？
9　誰が執刀するのか？
10　手術の前後，手術自体，薬や理学療法の処方，術後のフォローなど，自分の治療全体にわたってみてくれるかどうか？

これらの各質問内容は，メディカル・ツーリズムにおいてのみではなく，国内の病院における医師の選択基準としても大変重要な内容ばかりである．多くの賢い患者が理解し，医師選択基準として普及することが望ましい．

さらに，「ステップ6：病院やクリニックについて調べる」では，①病院認証を受けているかどうか，②提携先を確認する，③成功率を調べる，④手術数を調べることが必要であるとしている．特に，病院認証については，アメリカJCIの認証の確認が信頼できるとしている．また，海外の最高レベルの病院は，たいていはアメリカのハーバード大学，デューク大学，ジョンス・ホプキンス大学などの大学や医療センターと強い提携関係を結んでいるので，この点を確認すべきであるとしている．

アメリカにおいては，国が異なっていても，国内で最高レベルの医師や病院との連携先の病院での受診は，信頼できるという視点が見受

表V-7　セレクテイッドホスピタルズアンドクリニックスU. S. A

Baptist Health South Florida: Coral Gables, Florida
Cancer Treatment Centers of America: Philadelphia, Pennsylvania
Cleveland Clinic: Cleveland, Ohio
Johns Hopkins Hospital: Baltimore, Maryland
Mayo Clinic: Rochester, Minnesota
MDAnderson Cancer Center (University of Texas): Houston, Texas
Memorial Sloan Kettering Cancer Center: New York City, New York

出典：Josef Woodman "Patients Beyond Borders" より一部抜粋.

けられる．残念ながら，わが国の医師や病院に関しては，これまでは積極的に国際展開してきている傾向は見受けられない．アメリカ国内における信頼のある病院や医師らは，国際的にも信頼のおけるものとなっている傾向がうかがえる．まさしくヘルスケア・サービス提供施設およびサービス提供者に関しては，アメリカは世界においてリーダーシップをとっていると言えそうである．

ジョセフ・ウッドマン（Joseph Woodman）が紹介しているアメリカ国内の病院リストは表V-7の通りとなっている．クリーブランドクリニックやジョンホプキンス病院，メーヨークリニックなど，日本においても知名度の高い病院ばかりである[26]．また，主だったヘルスケアデスティネーション（医療目的）の国名リストには，ブラジル，カリブ共和国，コスタリカ，チェコ共和国，ハンガリー，インド，イスラエル，マレーシア，メキシコ，シンガポール，南アフリカ，韓国，台湾，タイ，トルコ，アラブ首長国連合，ドバイなどが紹介されていたが，残念ながら日本は見当たらなかった．今後積極的にメディカル・ツーリズムにわが国も参入していくことにより，海外患者向けガイドにも日本の病院が紹介される日が来るのももうすぐかもしれない．

Ⅵ
グローバル・ヘルス・ニュービジネス

Area of poor evidence-based Health Care

これまで色々とヘルス・ビジネスについて論じてきたが，今後新たに求められてくるヘルス・ビジネスの領域はどのあたりであろうか．

現代医学の進歩は目覚ましく，エビデンス（証拠，根拠）に基づく，より科学的なアプローチが整ってきている．この治療を行う根拠は，あるいはこの病気に対する手術適応の確率は，がんのステージごとの5年生存率は，といった具合に，これまで積み重ねられてきた根拠や実績に基づき，治療方法や手術の実施の有無を判断する医療，すなわちEBM（Evidence-based Medicine）が大変重要となってきた．

一方で，脳科学に関する研究は目覚ましく，私達の心と体が深く関わっていることも含めて，様々なことが解明されてきている．脳と心の関係についても次第に明らかにされつつある．たとえば，意欲を引き出すドーパミンなどは，良いことをしたと判断されると放出され，同時に，気持ちよさももたらす神経伝達物質である．ヒトは，良いことの「報酬」としてもたらされるこの状態を再度得るために，また良いことをするが，このやる気スイッチをオンにする役目を果たしているのがドーパミンである[1]．今後はほめられたり，認められたりして「良い事」だと脳が判断するような環境づくりが必要とされる．すなわち脳にやる気を起こさせるような心に働きかけるビジネスが求められよう．最新の脳科学によって心と脳の深い関係が次第に明らかにされることにより，ますます心を癒す，心を元気にする，心に働きかけるビジネスがグローバル・ヘルス・ニュービジネスとして求められてくることと思われる．

しかしながら，現段階においては，十分にエビデンスが得られていないものも多く，その意味においては，「より根拠の少ないヘルスケアに関連するビジネス＝Area of poor evidence-based Health Care」が今後の新しいヘルス・ビジネスとして重要になってくると思われる．いずれエビデンスが構築され，ヘルスケアの重要な位置を占めるようになる，あるいは見直されて取り入れられる，再認識されるようになる可能性のある視点や領域および関連する事項について以下に取り上げた．

1．ヒーリング・ビジネス

健康産業が成長している中で，ヒーリング・ビジネス（healing business）という言葉をよく耳にすることと思われる．現代社会はストレス社会と言われ，人間の心と体を「癒やす（heal）」ことが毎日の健康の維持・向上には必要であると言われるようになってきた．古代ギリシャ時代には，現在のトルコ西部の都市ベルガマ（古代都市ペルガモン）にアスクレピオン（Asklepieion）という古代神殿があったとされており，このあたりは医療の聖地であり，癒しの神殿と呼ばれ，癒しの神であるアスクレピオスにちなんでアスクレピオンと名付けられた．ここでは，音楽，演劇，マッサージ，夢判断，笑いとユーモア，入浴などを活用した，様々な癒しのための環境が整備されていたとされている．

また，医学の祖と言われるヒポクラティス（Hippocrates, B. C460～370）は，ギリシャ東部エーゲ海に浮かぶコス島の北東部に，医療院や医学校を創設したとされているが，その場所も古代ギリシャの医術の神であるアスクレピオスの聖域であり，アスクレピオスの遺跡と呼ばれている．現代でも世界中の医師にとって最も重要な医の倫理として大変有名なヒポクラティスの「ヒポクラティスの誓い」は，「医神アポロン，アスクレピオスおよびすべての神々の前に，この誓約と義務をわが力と誠意をもって履行することを誓う」から始まっており，ヒポクラティスは医神アスクレピオスが伝えた技に加え，科学的な知識と専門職業的な倫理観を構築したと言われている[2)]．

一方，私達は，通常「五感」を通して，様々な情報を心身に伝え，癒されたり，リラックスしたりしている．「五感」は，視覚，聴覚，触覚，味覚，嗅覚の５つの感覚を示し，古代ギリシャ時代にアリストテレスが提供したとされている．古代ギリシャ哲学では「自然を把握する能力」を意味していたとされる．具体的には，私達は視覚を使って光を感知することで自分を取り巻く環境からの情報を得たり，人の表情を読み取ったりする．また，触覚により温度や圧力を確認したり危険を察知したりする．さらに，聴覚により空気の振動を感じ取り，状況を判断したり周囲からの情報を集め行動する，言葉を聞き取り，感動したり傷ついたりしている．味覚や嗅覚で化学物質を見分けたり，食欲や満足度を高めたりしている．

感覚には，この他にも，視覚や聴覚等の特殊感覚と異なり，感覚器が外からはっきり見えない筋肉・腱・関節・内臓等の体性感覚があるとされ，深部感覚，内臓感覚などと呼ばれ，これらの感覚からも脳に情報が送られ，自律神経系に影響を及ぼすとされている．自律神経は体のいたるところに張り巡らされており，自らの意思とは無関係に各器官に影響を及ぼしており，体の内外からの刺激に反応して，生命を維持するための様々な働きを制御する役割を持っているとされている．心拍，血圧，体温，発汗，排尿などは自律神経が調整しており，生命活動を維持していると言われている．

体が長期間ストレス状態にさらされると，体は緊張状態になったままで，自律神経のうちの交感神経が優位に働き続け，交換神経と副交感神経のバランスが崩れ，ホルモンの状態も防御しきれなくなり，また免疫の働きが弱まり，心身に変調をきたすことになる．したがって，私達は五感などの感覚器から心地よいと感じ，リラックスできると思える様々なビジネスに惹かれることになるのである．

ヒーリング・ビジネスの業界は実に幅が広く，今後もますます拡大していくことが見込まれる．食品からエステ，スピリチュアルサロン，フィットネスクラブや健康機器，ヨガ，ヘルス・ツーリズム等，実に様々なビジネスが含まれてくる．一方で，エビデンスが十分ではないものも多く，質の面からは様々な問題を抱えているのも事実である．今後は，サービス提供者の倫理観の育成も行いながら，サービスを購入する消費者も自らの心身に対するセルフケア能力を高めていくことにより，健全なヒーリング・ビジネスが成長することを願いたい．

2. アンチエイジング・ビジネス

わが国は，世界で最も高い高齢化率の国である．政府から出された2017年版「高齢社会白書」によると，2016年の総人口に占める65歳以上人口の割合（高齢化率）は27.3%であり，2位がイタリアで22.4%，3位がスウェーデンで19.9%となっている．総人口が今後も減少する中，2065年にはわが国の高齢化率は38.4%に達し，約2.6人に1人が65歳の社会となることが予測されている．先進諸国の高齢化率と比較すると，高齢化率が7%から14%へ要した期間は，フランスが115

年，スウェーデンが85年，アメリカが72年であるのに対し，日本はわずか24年である．近年のアジア諸国における高齢化のスピードも加速しており，韓国が18年，シンガポールが20年，中国が23年と，わが国を上回るスピードで高齢化が進むことが見込まれている[3]．

近年，「アンチエイジング（抗加齢）」は，加齢による病気を予防する，高齢になっても心身ともに健康で生き生きと生活するための概念として急速に発展してきている．エイジングのメカニズムについては，まだ十分に解明されたわけではないが，老化の原因には，遺伝子の異変，細胞機能の低下，ホルモンレベルの低下，免疫力の低下，活性酸素による体の酸化などが考えられている．

従来の人間ドックに加え，血管，ホルモンレベル，感覚器の老化度チェック，活性酸素と抗酸化能バランスチェックなど，加齢によって体に生じる様々な変化，老化という兆候や症状についても，検査により早期発見，早期治療，生活指導を行うための，アンチエイジングドックも登場してきた．

また，国際オーソモレキュラー医学会（ISOM：International Society for Orthomolecular Medicine）が監修する世界初のレストラン「医学会キッチンオーソモレキュラー」が2017年5月東京・神谷町にオープンした．ギリシャ語で「正しい」を意味する「オーソ（Orth）」と「分子」を意味する「モレキュラー（Molecular）」を組み合わせたオーソモレキュラーは，ノーベル賞を2回（1954年ノーベル化学賞，1962年ノーベル平和賞）受賞したライナス・ポーリング博士（Linus Carl Pauling, 1901-1994年，アメリカ）によって1960年代に提唱された考え方である[4]．

分子レベルで最適な量の栄養素を投与して病気の治療・予防を医学するオーソモレキュラー医学は，食事療法，デトックス療法，東洋医学，サプリメント療法，幹細胞療法，腸内フローラ，天然ホルモン療法，オゾン療法，水素療法，栄養解析，遺伝子・代謝検査，スポーツ栄養学など幅広い分野をカバーする．カナダのトロントに本部を置く本医学会は，ライナス・ポーリング博士の提唱する考え方を臨床的に確立したエイブラム・ホッファー医師（Abram Hoffer, 1917-2009年，カナダ）が設立し，わが国では約700名の医師が参加している[5)]．

レストランでは，「食方箋」をテーマにした，ドクター達が監修したランチやディナーを栄養学に基づき提供する．健康寿命長寿，ダイエット，アンチエイジングなどの提案メニューの他，新しいスーパーフードなどの注目食材も紹介していく．レストランで使用する食材は，基本的に無農薬のものを使用し，食材の育った環境や食べているもの，出荷までの過程などもチェックし，世界で一番安心・安全なレストランを目指している．

アンチエイジングには，食事，睡眠，運動，休養，ストレスコーピングなどの様々な日常生活行動が深く関係しているとされる中で，今後はますますアンチエイジング・ビジネスが発展していくことが期待される．人間は誰もがいずれ必ず死を迎えるが，それまでの間，可能な限り，年齢に関係なく，美味しく元気が出る食事，快適で癒される空間でのリラックス，安心して疲労が回復できる睡眠，自然との触れ合いやスポーツによる心身のリフレッシュ，人や動物との楽しく心和むコミュニケーション等を享受し，幸福で楽しい毎日の生活を送ることができる社会が求められる．質が高く，リーズナブルで様々な工夫がなされている多種多様なアンチエイジング・ビジネスが社会に溢れることによって，明るく元気な高齢者が増え，わが国が世界のモデルとなる高齢社会の実現を果たすことを期待したい．

3. 水ビジネス

地球は水の惑星であり，地球の約70％を海水が占めており，地球上に住むあらゆる動植物は水からの恩恵を受けており，グローバルな視点からも水は共通に重要であることが理解できる．人体の約60％は水で構成されており，水には昔から体を治療する力があると信じられてきており，それほど水は人体にとって大切なものである．「ルルドの泉」という場所を聞いたことがあるだろうか．フランス南部ピレネー山脈のふもとにある聖地であるが，これまでに世界中から病気治療のため，湧き出る水を求め訪れており，「奇跡の水」と言われている．18世紀半ばから巡礼地として世界中から人々が訪れており，現在では毎年600万人以上の観光客が集まるヘルス・ツーリズムのメッカと言える場所である．教会には実に多くの症例が報告されているが，厳密な医学の専門家達による「奇跡・超自然的（miraculous）」と認定された症例数はこれまでに50以上あり，ノーベル賞受賞医であるアレクシス・カレル（Alexis Carrel: 1873-1944）も医師として奇跡的な患者の回復を目の当たりにしている[6)]．

通常水ビジネスと言えば，上下水道関連ビジネス，産業用水関連ビジネス，農業用水関連ビジネス，家庭用水機器関連ビジネス等も含まれるが，ここではミネラルウォーターについて見てみたい．近年は，様々なミネラルウォーターが販売されており，世界中のブランドの水も市場に出回るようになってきた．より安全で健康によい商品としての飲料水であるミネラルウォーターを買う時代がいよいよ到来してきている．今やミネラルウォーター市場はグローバルな展開を見せてきているのである．

国連総会においては，2005年～2015年を「命の水（Water for Life）」

国際活動年とすることが宣言されており，国連総会においては，安全で清浄な飲料水および公衆衛生が，人生の豊かさ，およびその他のすべての人々にとって不可欠な人権の1つとして宣言されている．しかし残念ながら近年では，異常気象等により水による被害も世界中で増大しており，自然の予測不可能性と脅威を感じている現状となっているのも事実である．ナチュラルミネラルウォーターの国際基準については，コーデックス規格（CODEX）が存在しており，またWHOによる飲料水水質ガイドライン（Guidelines for Drinking-water Quality 4th edition, 2011）も出されており，消毒，微生物学的観点，化学的観点，放射線学的観点，臭味等の各視点による総合的に安全な飲料水のための枠組みが提示されている[7]．

しかし実際には，ミネラルウォーターの分類や定義は，国や地域によってやや異なっているのが現状である．わが国では，「ミネラルウォーター類（容器入り飲料水）の品質表示ガイドライン」[8] が出されており，ミネラルウォーター類の製造者には，一括表示事項（①品名，②原材料名，③内容量，④賞味期限（品質保持期限），⑤保存方法，⑥採水地，⑦使用上の注意，⑧使用方法，⑨製造者等，輸入にあっては⑩原産国名）が求められている．また，禁止事項として，①医薬品的な効能効果を表示し，または暗示する用語，②ナチュラルウォーター，ナチュラルミネラルウォーター以外のものに対する「自然」，「天然」の用語およびこれに類似する用語，③一括表示事項またはその他の表示事項の内容と矛盾する用語，④その他内容物を誤認させるような文字，絵，写真その他の表示がある．また，品名の定義では，特定の水源から採水された地下水を原水とし，沈殿，濾過，加熱殺菌以外の物理的・化学的処理を行わないものが「ナチュラルウォーター」，ナチュラルウォーターのうち鉱化された地下水を原水としたものにあっては，「ナチュラルミネラルウォーター」，ナチュラルミネラルウォーターを原水とし，品質を安定させる目的等のためにミネラルの調整，曝気，複数の水源から採水したナチュラルミネラルウォーターの混合等が行われているものは「ミネラルウォーター」とし，これら以外のものには「飲用水」または「ボトルドウォーター」と記載することとされている．

ミネラルウォーター等の国内生産は増加傾向にあり，輸入のシェアが10年前の2割程度から最近では1割程度と減ってきている[9)]．人間にとっての水は，のどの渇きを潤すだけのものではなく，体の隅々まで栄養や酸素を運び，不要なものを体外に排出し，体をリセットさせる働きがあることを考えると，ミネラルウォーターの重要性が認識できる．また，心が不安定になったり，頭がぼーっとするのは，水分が大いに関係しているとされており，水には鎮静効果や興奮効果があるため，気持ちや脳をリラックスさせる役目があるとされている[10)]．

今後は，やや複雑であるが，消費者は正しい知識をもって自ら選択し，市場が活性化することを期待したい．

4. 温泉ビジネス

日本の温泉は“ONSEN”と呼ばれるように今日世界的にも有名となってきた．日本人は風呂好きであり，日常生活における家での入浴においても浴槽による市販の入浴剤の使用などにより一日の心身の疲れをとる習慣がついており，ストレス解消や疲労回復に多くの人々が活用している．

2015年現在の温泉地数は3084，源泉地総数は2万7201であり，温泉の効能等は異なっているものの全国に散らばっている．さらに年度延宿泊利用人員は，2015年度は1億3206万4036人であり，前年度の1億2797万4837人に比べ増加している[11)]．この人数は，わが国の総人口を超えており，温泉利用者の多いことが確認できる．

1948年に制定された温泉法によると，温泉の定義は，地中から湧出する温水，鉱水および水蒸気その他のガス（炭化水素を主成分とする天然ガスを除く）と定義されており，温度（温泉源から採取されるときの温度）が摂氏25度以上であるとされている．さらに，温水のうち，特に治療の目的に供しうるものである療養泉については，その利用に資する目的で，含有する化学成分に基づいて，①塩類泉（塩化物泉，炭酸水素塩泉，硫酸塩泉等），②単純温泉，③特殊成分を含む療養泉に大別される．

温泉療法の歴史は古く，わが国ではすでに「日本書紀」や「万葉集」に温泉が登場している．世界的に見ても温泉療法は大変古くから行われており，最も古い医療行為ではないかとされている．温泉療法とは，水療法と合わせて風呂，泥その他の自然物質，様々な気候要素を，単独であるいは組み合わせて，疾病の予防と治療に使うことである．ヨーロッパにおいても温泉療法は古くから盛んであり，古代ローマ時代からすでに温泉施設があったとされている．イギリスやドイツ，イタリア，ベルギー，チェコ，ハンガリーなどにおいて，飲泉と入浴の双方を活用した温泉による保養が盛んである．現在の日本においては主に健康増進目的で利用されることが多いが，全国には温泉病院も存在しており，治療目的での温泉利用も行われている．

日本温泉協会における「天然温泉表示制度」が1976年より開始され，2005年からは天然温泉表示看板が発行されている[12]．天然温泉表示看板では，「利用源泉に関する情報」，「浴槽の温泉利用に関する情報」を17項目に分けて明示しており，合わせて自然度・適正度の目安を5段階で表示し，一般消費者の温泉利用に役立ててもらえるよう配慮されている．具体的な表示項目は，①源泉名，②湧出形態，③泉温・湧出量，④源泉所在地，⑤泉質名，⑥掲示用泉質名，⑦引湯方法・距離，浴槽の温泉利用に関する情報，⑧循環装置の有無，⑨給排湯方式，⑩加水の有無，⑪加温の有無，⑫新湯注入量，⑬注入温度，⑭浴槽温度，⑮湯の入替頻度，⑯入浴剤使用の有無，⑰消毒の有無である．

また，温泉ソムリエ協会が認定する「温泉ソムリエ」が増えてきている．ワインの「ソムリエ」がワインの正しい知識とサービスの技術を持つように，「温泉の正しい知識」と「正しい入浴法」を身に付けたのが「温泉ソムリエ」であるとしている．外国人観光客の増加に伴い，今後需要があることがうかがえる[13)]．Spa に関する歴史的変遷を見てみると，アメリカなどの他国をはじめとし，様々な国においても温泉街は存在していたようであるが，残念ながらカジノや風俗などの娯楽施設も同時に発展し，温泉のある街が健康的ではなく，やや不健康になってしまい，荒廃してしまったケースも少なくないようである[14)]．

積極的な政策も影響し，今後ますます日本全国に外国人観光客等が訪れることを考えると，今後はこれらの表示などの積極的な活用による説明責任と情報開示が温泉地とその地域においても求められてくると思われる．また患者も健康人も世界中の癒しを求めてくる人々に快適に利用してもらえるよう，街づくりも重要となろう．さらに情報開示の際の英語や中国語の表記なども合わせて求められてくるだろう．心身に与える効果的な影響についての十分なエビデンスはまだまだこれからであるが，グローバルな視点から地域ごとに温泉療法を見直し，健康大国日本に十分貢献していると思われる温泉大国日本の良さを今一度検討してみる必要があろう．

5. 統合医療および伝統医学の見直し

日本統合医療学会では，「統合医療とは，「対症療法」と「原因療法」

の二つの療法を統合することによって両者の特性を最大限に活かし，一人ひとりの患者に最も適切な『オーダーメイド医療』を提供するものである」としている[15]．わが国よりも議論が進んでいる米国国立補完統合衛生センター（NCCIH：National Center for Complementary and Integrative Health）では，“統合”には多くの定義があるとした上で統合医療を「従来の医療と，安全性と有効性について質の高いエビデンスが得られている相補（補完）・代替療法とを統合した療法」と定義づけている[16]．このように若干ニュアンスは異なるが，まとめると，従来の医学に相補（補完）・代替療法，伝統医学等とを統合（integrate）させた医療を意味するということになる．NCCIHでは，具体的に①天然製品（Natural Products）：ハーブ，ビタミン，ミネラル，プロバイオティクス，ダイエタリーサプリメント，と②心身療法（Mind and Body Practices）：ヨーガ，カイロプラティックおよびオステオパシー，瞑想，マッサージ療法等，に大別している．

また，厚生労働省の検討会では，近代西洋医学と組み合わせる療法について，①食や経口摂取に関するもの，②身体への物理的刺激を伴うもの，③手技的行為を伴うもの，④感覚を通じて行うもの，⑤環境を利用するもの，⑥身体の動作を伴うもの，⑦動物や植物との関わりを利用するもの，⑧伝統医学，民間療法に分類している[17]．具体的には，①には食事療法やサプリメント，②にははり・きゅうや温熱療法，③にはマッサージやカイロプラクティック，④にはアロマテラピーや音楽療法，⑤には温泉療法，森林セラピー，⑥にはヨーガ，気功，⑦にはアニマルセラピー，園芸療法，⑧漢方医学，アーユルヴェーダなどが含まれるとしている．

統合医療に含まれる各種療法やアプローチの多くが，最近の健康ブームで人々に人気のあるビジネスとして展開されていることに気づかれはしないだろうか．健康食品やアロマテラピー，ヨーガや瞑想などが近年，多くの人々が消費している商品やサービスとなっている．つまり，統合医療の視点から人々はヘルスプロモーションやセルフケアを実践しているようである．これらの多岐に渡る各サービス等は，まだ十分にエビデンスが確認されていないが，今後はますます需要が増え，疾病との関係，メンタルコンデションとの関係，量や質などについてのエビデンスが次第に構築されていくことと思われる．

一時のブームではなく，歴史的にも脈々と引き継がれてきた内容も含まれているので，21 世紀はこれらの各療法の再検証を行いながら，適切なビジネスがふさわしい消費者に適正な価格で提供され，グローバルに普及し，多くの人々を幸福することを切に期待している．

1）中国伝統医学

中国伝統医学は約 5000 年前の神話に遡ることができ，2 人の偉大な皇帝（黄帝と炎帝）がおり，黄帝は人々に絹を織る方法や音律，武術を教えたと同時に，『黄帝内経素問（内経）』を著し，医学の知識を普及させたとされている[18]．『内径』は，中国伝統医学の理論の基礎とされ，現在まで継承されており，また，炎帝は 5 つの穀物（キビ，ライ麦，ゴマ，2 種類の小麦）を栽培し農業をもたらし，農業の神を意味する神農と称された．神農は，中国で最初の薬草の解説書である『神農本草経』の著者でもあるとされている．『神農本草経』には 365 種類の生薬が掲載され，現代においても様々な漢方薬に含まれている．中国伝統医学における生薬には，植物である薬草の他に貝殻，昆虫，キノコ，鉱物，動物の体の一部なども含まれる．

中国伝統医学においては，病気の要因は外的要因と内的要因に分けられるとしており，外的要因には，「六淫（風，寒，熱，湿，燥，火）」があるとされている．これらの外因が身体の内的バランスを崩し，健康を阻害するとされている．また，病気の内的要因は，「七情（喜，怒，悲，思，恐，憂，驚)」による感情の乱れであるとされている．日常生活において感情は周囲の出来事に対する正常な反応であるが，これらの7つの情のいずれかが極度に強まった場合やまったく失われた場合，病気を引き起こすと考えられている．病気の外的要因と内的要因に対する考え方は，現代でも十分に当てはまると思われる．

さらに中国医学は，「陰陽五行説」という哲学理論を基本としている．古代中国人は，太陽と月をはじめ宇宙のあらゆるものと現象は「陰」と「陽」に分けられ，この「陰」と「陽」は相互に対立しつつ，また相互に依存する関係にあると考えていた．中国医学では，人体にも陰陽があり，両者がバランスを保っている限り，健康状態にあると考え，このバランスが崩れた状態が「未病」の状態，そして崩れたバランスを回復できなくなったときが「発病」と考えられている．五行学説は，五臓（肝・心・脾・肺・腎）と五腑（胆・小腸・胃・大腸・膀胱）に三焦を足して五臓六腑としており，さらに心包を加えた十二臓腑が「経絡」によって結びついているとされている．また「五臓六腑にしみわたる」といった言葉は日常的に使用されているが，もともと中国医学の言葉である．「経絡」は残念ながら現代のテクノロジーでは証明できないが，鍼灸などでは「経絡」に沿って治療が行われている．これらの中国の伝統的な諸理論の中には現代では実証できないことも多くありるが，大変参考になる考え方がたくさん含まれている．

健康を保持・増進するためには，心身におけるバランスを保つことが何よりも大切であり，自然との関わりの中で，感情をコントロールし，自然界の恵みである食物を体内に適切に取り込むことが大切であることについては，現代においても異論はないと思われる．

2）アーユルヴェーダ

インド・スリランカ地域発祥の伝統医学であるアーユルヴェーダ

(Ayurveda) は，サンスクリット語のアーユス (ayuh／生命：life) とヴェーダ (veda／知識：knowledge) を組み合わせた語であり，「生命科学 (Science of life)」に関する学問として知られている[19]．約5000年の歴史をもつと言われているが，紀元前2000年にインドにおいて医学に植物を用いたことに関する最も古い記録であるリグヴェーダ (Rigveda) が残されており，さらに，紀元前1500年から1000年に作成されたアタルヴァ・ヴェーダ (Atharvaveda) では，より多くの植物について記述され，基本的な概念についてまとめられている．チャラカ・サンヒターとサスルタ・サンヒター (Charaka Samhita and Sushruta Samhita) がアーユルヴェーダの基本的な経典であると言われている．

チャラカ・サンヒターには，「生命 (アーユス) とは，肉体 (シャリーラ)，感覚機能 (インドリヤ)，精神 (サットヴァ)，真我 (アートマン) の結合したものである」と示されている．さらに人間にとって2つの世界 (この世とあの世) において有益な学問がアーユルヴェーダであるといっている．つまり，アーユルヴェーダとは，生と死の観点から生命を考察し，どうすれば幸福で有益な長寿を全うできるかを説いた壮大な医学哲学体系であると言える．

また，アーユルヴェーダでは，人間の身体の基本的構成要素は，3つの要素であるトリドーシャ (tridoshas)：ヴァータ (vata)，ピッタ (pitta)，カパ (kapha) であり，これらが心身の健康を維持しているとされている．神経システムはヴァータ (vata) によって支配され，熱調節や内分泌・外分泌腺についてはピッタ (pitta) によって，そして筋骨格や筋肉運動はカパ (kapha) によって制御されているとされる．ドーシャは，正常な状態では生命を維持し健康を守るエネルギーであるが，増大・憎悪すると病気を引き起こすとされている．

さらに，アーユルヴェーダでは，病気の根本原因は，「知性の誤り

(プラギャパラーダ)」であるとしている．知性の誤りとは，①理解力の欠如，②忍耐力の欠如，③記憶力の欠如の 3 つに分類されるとしている．①理解力の欠如とは，健康のために有益かどうかを識別する能力の欠如，②忍耐力の欠如とは，有害な対象に対して，五感を制御できる能力の欠如に相当する，③記憶力の欠如とは，今仮に健康にとって何が悪いかが理解できたとしても，そのことを忘れてしまうことである，としている．さらにこのような知性の誤りを正す具体的な方法の 1 つとして，ヨーガがある．

ヨーガ（yoga）は，アーユルヴェーダと同じく古代インド発祥で，インド伝統思想から生み出された心身の健康法の 1 つであり，現在でも世界中の人々が取り入れており，日本においても大変人気がある[20]．古代インドの言語サンスクリットで，「ヨーガ（yoga)」は，「合一」を意味する．ヨーガは，ヒンドゥー哲学に基づいた訓練法で，心と身体とスピリチュアリティ（霊性）の合一を目指すものである．この訓練によって，自らの感覚器官を制御することにより心身を鍛錬し，精神を集中させることを通じて，日常的な心の作用を落ち着かせることが可能となる．自然と一体となり，健康でより幸せな毎日を送れるよう，日々の生活の中にヨーガを取り入れることを様々な産業も推奨しており，ヨーガが一般社会に浸透してきている．

このようにアーユルヴェーダ理論について概観してみると，約 5000 年という永きに渡って人々に取り入れられ，伝承されてきた内容は，現代においても十分に参考になりうる情報の宝庫であると思われる．中国伝統医学と同様，一部エビデンス不足や誤った療法も含まれているが，人間の心身に関する基本的な重要理論は，現代まで，そして未来までも続いていくことが予測される．地球最古の医学の発祥の地である中国とインドが，現在では地球上の人口数の 1 位と 2 位となっていることに関し，興味を抱くのは私だけだろうか．

健康の保持・増進ならびに病気に対するセルフケア能力の向上には，ヨーガが有効な方法であることが広く普及し，多くの人々が実践し始めているが，是非この壮大なアーユルヴェーダの理論を十分に理解した上で，取り入れていただきたいと思う．

3）ユナニ医学

これまで取り上げてきた中国医学およびアーユルヴェーダと合わせて世界三大伝統医学と呼ばれているユナニ医学（Unani Medicine）については，残念ながら日本においては，中国医学やアーユルヴェーダほど知名度はなく，与えた影響はきわめて少なかったと思われる．

ユナニ医学はアラブ・イスラムの伝統医学だが，起源はギリシャ医学であり，古代ギリシャ医学の祖であるヒポクラティス（Hippocrates），そしてローマ時代の医師であるガレン（Galen）らが提唱した原理に基づいている．さらにユナニ医学は，ギリシャ医学が，中世のアラビアにおいて，インドのアーユルヴェーダやペルシャの医学，そしてイスラム教と統合されながら，国々により独自の発展を遂げてきたとされる[21)]．

ラテン語でアヴィセンナ（Avicenna）としても知られているイブン・シーナ（Ibn Sina）（AD. 980～1037 年）は，『医学典範（The Canon of Medicine）』など数多くの書物を著し，ユナニ医学を確立したペルシャ人である．医学ばかりでなく，哲学，天文学，法学，神学などにも造詣が深かったとされており，ヨーロッパ医学に大きな影響を与え，彼の著書『医学典範』は，ヨーロッパの医学校で 17 世紀に至るまで教科書として使用されていた．

『医学典範』は，全 5 巻から構成され，第 1 巻：概論：人体の機能と組織，健康と病気，摂生と治療など医学上の一般原理，第 2 巻：単純薬物，第 3 巻：頭より足に至る肢体に生じる病気，第 4 巻：肢体の一部に限定されない病気，第 5 巻：合成薬物となっている．さらに第 1 巻は，①医学の定義と主題，②健康と病気，③健康の維持，④病気の治療に分けられ，このうち③健康の維持については，小児，成人，老人に分けて摂生法や養生法，気候の影響などについても書かれている．この他哲学については，アリストテレスを師とし，膨大な百科事典的な『治癒の書』を完成させ，また『医学典範』の内容を詩の形にまとめた『医学詩集』は広く親しまれた．

さらに，イブン・シーナは，ローズ油の水蒸気蒸留法を完成させたことでも有名であり，ハーブから精油を取り出す技法である蒸留法の発見者であるとされている．この発見は，後に確立されたアロマテラピーに寄与したと言われており，今日日本においても積極的に取り入れられてきているアロマテラピーに繋がっていることがわかる．

ユナニ医学においては，健康に影響を与える 6 つの要因（al-umoor al-tabiyah）が示されている．①排せつと摂生，②精神活動とリラックス，③肉体活動と休息，④眠りと目覚め，⑤食物と水，⑥気候，の 6 要因であるが，現代においても全くもって通じる考え方であることがわかる．1000 年以上前に提唱された理論であるが，これらの 6 要因はどれもが人々の健康に影響を与えると思われる．

加えて，『医学典範』の薬草についての記述は，古代ローマ皇帝ネロの下で軍医として仕えた外科医ディオスコリデス（Dioscorides）の本草書『薬物誌（マテリア・メディカ：Materia Medica）』を基にしているとされ，約 811 種の生薬が記載されている．ディオスコリデスは，薬理学と薬草学の父とも言われ，ガレンが自身の著書で，『薬物誌（マテリア・メディカ：Materia Medica）』は最も完全な本草書と称賛しているほどである．ヒポクラティス，ガレンらの文献と同様に，ディオスコリデスの本草書もユナニ医学に大きな影響を与えたとされる．

アロマテラピーは，身近であり，様々な人々が今日利用しているが，実はユナニ医学と関連していることをどれほどの人々が理解しているだろうか．今後は各伝統医学の理論や考え方，今日まで引き継がれてきた考え方を十分に理解し，日常に各療法を取り入れていくことが必要ではないだろうか．

このように，伝統医学の変遷をたどってみると，時代とともに医師や研究者により，ギリシャ医学やインド医学，アラブ・イスラム医学のそれぞれが相互に影響し合い，交錯し，積み重ねられてきたことが伺える．今日，私達が健康の保持・増進のために行っていることは，何千年もの歳月をかけて世界中で研究や実践が積み重ねられてきた知見であること，そしてまた，時代が変わっても共通して脈々と受け継がれてきていることがあることを忘れてはならないと思われる．ビジネスとして市場で発展していく際にも，サービスや商品提供者側は，各療法の根底に流れる哲学や理論を深く理解した上でしっかりと踏襲し，人々に還元していくことが役目ではないだろうか．

6. からだの知恵
――生体に備わっている恒常性（ホメオスタシス）の働き

「ホメオスタシス」という言葉を聞いたことがあるだろうか．日常生活においてはあまり馴染みのない言葉であるが，実は私達人間が生きていく上で大変重要な概念である．

「ホメオスタシス」は，ウォルター・B・キャノン（Walter Bradford Cannon 1871-1945）が自身の著書『Wisdom of the Body（1932年）』の中で提唱した考えである[22]．アメリカウィスコンシン州生まれのキャノンは，ハーバード大学医学部教授で生理学者であった．生体の中で，安定した状態の主要な部分を保つ働きをしている，相互に関連した生理学的な作用は，非常に複雑であり，また独特のものであり，脳や神経や心臓，肺，腎臓，脾臓などの各臓器が協同して安定作用を営んでおり，このような状態を，キャノンは恒常状態（ホメオスタシス：homeostasis）と呼んだ．

私達のからだの構造は不安定であり，わずかな外力の変化にも反応するとした上で，何とか恒常性を保ち，深刻な悪影響を及ぼすと思われる状況の中でも不変性を維持し，安定を保つ方法を習得してきたとしている．キャノンは，ヒポクラティス（古代ギリシャの医師で哲学者，医学の祖と言われる）が唱えてきた，病気がからだに備わる自然の力である「自然治癒力」によって治癒するのだという考え方に近代的な解釈を加えたと言っている．つまり，人間には，からだを正常の状態に維持し，からだのつりあいが崩れれば，自動的に働く生理的な反応で，つりあいを立て直す様々な仕組みを持っているということである．病気になった際には，修復し回復させる作用がある程度備わっているという考え方が現代にも引き継がれていると言える．

しかし，キャノンはこうも言っている．「自己調整作用を行うからだの驚くべき能力の多くが，時間を必要とすること，つまり，そのような調節作用は，時間がその作用の働く機会を作ってはじめて，からだを元どおり効率よく働くよう回復させるうえに，重要な役割を果たすことができる」と．

現代においても，様々な場面で「自己治癒力」という言葉を耳にするが，キャノンのホメオスタシス機能の理解も含めると，このような機能が働くためには，「時間」が必要であることに対する理解が大変重要である．つまり，病気や疲れの症状が出た際にも，本来からだには元通りに修復する能力が備わっているが，その能力を発揮させるには，時間が必要であり，言い換えれば，からだが修復に専念できる環境を整える時間を与えることが重要となることを私達は忘れてはならない．つまり，休むことや休養することにより，自己治癒力を働かせ，ホメオスタシスが機能する状態を意識的に作ることも重要なことと言えるのである．

内閣府・仕事と生活の調査推進室より，「ワーク・ライフ・バランスレポート　2016」が2017年3月に出された[23)]．レポートの中では，健康で豊かな生活のための時間の確保についても取り上げられており，長時間労働是正の問題も含まれている．仕事にやりがいを感じ，仕事中心の生活を送っている人も少なくないと思われるが，職場においては，一般的に人間関係やノルマ，種々のトラブルや経験不足等，様々な要因が影響し，ストレスを抱えることも少なくない．ストレスは様々な病気の原因となることが多い．前述した生体内でホメオスタシスが十分に機能する状態を保つためには，仕事と生活のバランスは大変重要である．

近年，わが国において過労死等が多発し大きな社会問題となっていることなどから，過労死等の防止のための対策を推進し，過労死等がなく，仕事と生活を調和させ，健康で充実して働き続けることのできる社会の実現に寄与することを目的に「過労死等防止対策推進法」が2014年11月より施行されている．過労死の定義は，「業務における過重な負荷による脳血管疾患若しくは心臓疾患を原因とする死亡若しくは業務における強い心理的負荷による精神障害を原因とする自殺による死亡又はこれらの脳血管疾患若しくは心臓疾患若しくは精神障害」となっている．

多くの人々が，生体には内部環境を一定に保つことができるホメオスタシス機能が備わっていることを今一度意識し，これらの機能が上手く働くよう休養の時間を与えることこそ，健康の保持・増進には欠かせないことを理解して労働していただき，過労死がなくなる社会を期待したい．

7. 江戸時代から脈々と伝承されている『養生訓』

『養生訓』という言葉を聞いたことがあるだろうか．江戸時代の儒学者貝原益軒が 83 歳で執筆し，その翌年 1713 年に，「ひと」としての生き方について書かれた書物として広く世間に普及し今日まで伝えられているものである．今から約 300 年前のものでありながら，時代の相違と変遷を越えて今日に至るまで多くで引用されている素晴らしい教えである[24)]．

養生という言葉の意味は字の通り，「生を養う」ことであり，人間の心身の状態を整え，健康を増進することである．中国老荘思想に基づく考え方であり，わが国にも伝わり『養生訓』が誕生した．平均寿命が現代ほど長くはない時代に著者自身が 84 歳まで生きたという事実も踏まえ，自らの豊富な人生経験に基づき書き綴られた書であり，多くの人々に読み継がれている．一部現代医学においては受入れづらい面も含まれているが，『養生訓』が身体の養生のみならず「こころの養生」も説いているところに注目する必要があり，現代における心身両面における健康の重要性の考えと全く合致している．

本書は全 8 巻で構成されている（第一巻：総論上，第二巻：総論下，第三巻：飲食上，第四巻：飲食下，第五巻：五官，第六巻：病を慎む，第七巻：用薬，第八巻：養老）．総論上巻では，人間の尊厳性，養生の心がけ，若いときからの養生，内なる欲望と邪気，七情を慎む，天寿と養生の術，命の長短は養生次第，心気を養う養生術，養生を害するもの，心の静と身体の働，薬・鍼灸よりも予防を，養生の道を守る，身体と運動，元気をたもつ法，人生の三楽，養生術の習得，睡眠と養生，少しの不養生と病気，天寿の全うは養生から，心と主体性，我慢と養生，予防と養生，とどこおりと病気，偏しないことが養生法，など実に多岐に渡っている．

いずれも今日の健康の保持・増進にも役立つことが多く書かれている．また，できるだけ病気にならないように予防することが最も重要であることについても論じられている．

以下，その他の巻に書かれている具体的な内容の一部をご紹介したい．

○楽しみは養生の根本（第二巻：総論下）――楽しみは人間の生来にある天性（天地の生理）であろう．それを楽しまないで天地の理にそむくわけにはいかない．たえず養生の道に従った欲を自制して楽しみを失ってはならない．楽しみを失わないことは養生の根本である．

○心の養生と身体の養生（第二巻：総論下）――心を静かにして落ちつけ，怒りを抑えて欲を少なくし，いつも楽しんで心配をしない．これが養生の術であって，心を守る道でもある．

○あせらず自然に（第六巻：病気を慎む）――病気を早くなおしたいと思って急ぐと，かえって逆効果になって病気を重くする．養生は怠らずつづけて，性急に回復することを望まず，自然にまかせるがよい．万事，よりよくしようとするとかえってわるくなるものである．

○香の効用（第七巻：用薬）――いろいろな香が鼻を養うことは，五味が口を養うことと同様である．諸香は，これをかぐと正気を助け，邪気をはらい，悪臭を消し，けがれを取り除いて神明に通じる．ひまがあれば，静かな部屋に坐って，香をたいて黙坐するのは，雅趣を増して心を養うであろう．

○日々を楽しむ（第八巻：養老）――自分が不幸で裕福ではなく，しかもひとが我儘で道理に従わなくても，浮世の習いはこうしたものだと思って，天命として憂い悩んではいけない．つねに

> 楽しんで日を送るのがよい．ひとを恨んだり，怒ったり，体を憂い嘆いて心を苦しめ，楽しまないで，はかなく年月を過ごすことは惜しい．このように惜しむべき大切な年月を，一日も楽しまないで空しく過ごしてしまっては愚かというほかはない．

現代における笑い療法や芳香療法などと言われる各療法にほぼ同一の考え方であり，また自然に身を任せいかなる時にも人生を楽しむことは，ストレス社会の今の時代においては大変有益で重要である．最新のテクノロジーや医療環境が整っていない時代でも，人生 80 年を生き抜くために習得した養生の考え方は，21 世紀を生きる私達にとっても取り入れる必要のあることと思われる．残念ながら，宇宙という広大な空間とミステリアスな存在の中の，地球という惑星の中で様々な厳しい自然環境の影響を受け，実に様々な価値観の人々が共存している社会においては，ストレスがないということはなかなか考えにくい．ケリー・マクゴニガル（Kelly McGonigal）は自著「The upside of Stress」の中で，いっそストレスの概念をひっくり返してしまい，意味ある人生にはストレスはつきものと肯定的に考え，ストレスは自身の人生にとって必要不可欠なものと捉えることを勧めている[25]．なかなか難しいことではあるが，養生訓に書かれている内容日々実践して，現代社会に十分揃っているヘルスに関する様々な療法や商品などを活用しながら生き抜くことが今後はより必要なことになると思われる．

8. 東西融合により現代によみがえったストレス低減法
——マインドフルネス

マインドフルネス（Mindfulness）という言葉を聞いたことはないだろうか．最近では，経営者やスポーツ選手など，様々な領域の人々において取り入れられ，実践されている．マインドフルネスは，心を癒す方法としてその起源が仏教にあり，ビジネスや教育，スポーツなどあらゆるシーンで利益をもたらす手法として急速に広がってきており，医療においても導入されてきているストレス低減法である．

わが国においても，近年，盛んに取り入れられてきており，日本マインドフルネス学会はマインドフルネスを次のように定義している[26)]．「今，この瞬間の体験に意図的に意識を向け，評価をせずに，とらわれのない状態で，ただ観ること」であり，「観る」は，「見る，聞く，嗅ぐ，味わう，触れる，さらにそれらによって生じる心の働きをも観る」という意味であるとしている．

マインドフルネスのルーツは，2000 年以上の歴史を持つ仏教にあるとされている．ゴーダマ・シッダールタ（ブッダ）は，欲望から自らを解放し，平静を手に入れるためには，瞑想を通して，自分の心を理解する方法が重要であると説いた．ブッダは，苦難と向き合うためには，人々が“執着”から解放されることが重要であり，快楽や欲望などいずれ消えゆく幻想にしがみつくことは苦しみの原因となるため，瞑想を通し，物や感情に振り回されない心の静けさを見つけることが可能となることを啓蒙していったのである．

20 世紀後半，ブッダの思想に基づいたマインドフルネスは，瞑想を中心とした新しい心理療法へと発展していく．分子科学者であり，瞑想を実践していたジョン・カバットジン（Jon Kabat-Zinn, 1944～）は，慢性的な不調や心の問題を抱えている幅広い人を対象に，ストレスを低減するプログラムを開発した．1990 年に誕生した「MBSR（マインドフルネスに基づくストレス低減法）」は，瞑想と身体的気づきに焦点を置き，ヨーガも取り入れた，原点を仏教とするプログラムとして現代に見事によみがえったのである[27)]．

近年，特に瞑想を中心とするストレス低減法が見直されてきた根拠には，脳科学研究の発展があげられる．マインドフルネスは，感情や感覚を脳が伝達するシステムに変化を与えることが明らかになってきたのである．瞑想をしない人の脳内では，感覚や恐怖を司る脳部位と自我中枢に強い関係性が形成され，合理的な判断中枢の影響力は小さくなっている．したがって，感情や感覚が生じると感情として即座に内在化してしまい，結果的に，原因が外部にあったとしても，自分自身の問題だと結論づけやすくなる．一方，瞑想は自我中枢と恐怖・感覚中枢の関係性を弱め，判断中枢の働きを強くする．その結果，不安感は低減され，脅威に対する衝動的な反応も緩和されることがわかってきたのである．

最近の研究では，マインドフルネスがストレスや不安感情の低減に効果があったことを示しており，ストレスホルモンと呼ばれるコルチゾールの量が押さえられたことに裏付けられている．マインドフルネスが私たちの健康に与えるメリットは，ストレスや苦痛の緩和から，睡眠パターンの改善や，うつ病などの治療の突破口など，広範に及んできており，その効果が期待されている．

人類が狩猟採集を行っていた頃は，逃走は脅威に対する非常に有効な手段であり猛獣や強敵に遭遇した際，逃げきることが唯一の生存方法であった．しかしながら，今日の社会において私たちの目の前に迫るストレスは昔に比べてはるかに複雑で重層的であり，ストレスは次々と連鎖している．逃走という手段だけでは解決は困難な場合も多くなってきた．マインドフルネスでは，ストレスの嵐の中で浮き沈みする感情を中立的な立場からありのまま受け止め，冷静に気づくことによりネガティブな心のつぶやきを消し去り，「今この瞬間」の経験に集中して生活することが重要とされている．

地球上のどんな人々も，大小様々なストレスを日々抱えて生活しているはずである．表現方法こそ変わってきたが，2000 年前から脈々と受け継がれている瞑想を通して，厳しい現代社会においても，今この瞬間に集中し，多くの人々が幸福感を得られる社会となることを願っている．

9. 働き方改革

わが国では，現在，働き方改革が進行中である．具体的には，長時間労働などを是正し，生産性を向上させること，また非正規労働者の待遇を改善することに加え，ライフステージに合った多様な仕事の仕方を選択できるようなキャリアパスとしていくことなど，働く人の視点に立った労働制度の抜本改革を行うことを意味する．働き方改革は，日本経済の再生だけでなく，ワーク・ライフ・バランスの改善，生涯現役社会の実現など，少子高齢化に伴う様々な課題を克服していくための重要な取り組みと捉えられている．

2016 年 9 月に内閣総理大臣を議長とする働き方改革実現会議が設置され，各界の有識者による検討が行われ，2017 年 3 月に「働き方改革実行計画」として議論の成果が取りまとめられた[28]．「働き方改革実行計画」では，日本経済再生に向けた最大のチャレンジは働き方改革であるとしており，「働き方」は「暮らし方」そのものであり，働き方改革は，日本の企業文化，日本人のライフスタイル，日本の働くということに対する考え方そのものに手を付けていく改革であるとしている[29]．

本改革には社会を変えるエネルギーが必要であるとした上で，一人ひとりの意思や能力，そして置かれた個々の事情に応じた，多様で柔軟な働き方を選択可能とする社会を追求することであるとしている．誰もが生きがいを持って，その能力を最大限発揮できる社会を創ることが必要であり，一億総活躍の明るい未来を切り開くことができれば，少子高齢化に伴う様々な課題も克服可能となることが期待されている．

具体的な検討テーマと課題としては，以下の 11 点が掲げられている．①同一労働同一賃金など非正規雇用の処遇改善，②賃金引上げと労働生産性向上，③罰則付き時間外労働の上限規制の導入など長時間労働の是正，④柔軟な働き方がしやすい環境整備，⑤病気の治療と仕事の両立，⑥子育て・介護等と仕事の両立，障がい者就労の推進，⑦外国人材の受入れ，⑧女性・若者の人材育成など活躍しやすい環境整備，⑨雇用吸収力の高い産業への転職・再就職支援，⑩誰にでもチャンスのある教育環境の整備，⑪高齢者の就業促進である．

このうち，「③罰則付き時間外労働の上限規制の導入など長時間労働の是正」については，長時間労働の是正のため，労働基準法を改正し，これまで上限なく時間外労働が可能となっている実態を見直す方向性が示されている．現行の適用除外となっている，自動車運転，建設，医師，研究開発などの職種については，一定期間の検討を踏まえて見直しされることとなっている．

特に医師については，過労死問題等も生じており，医療現場における医師の労働環境が問題となっている．医師法に基づく応召義務等の特殊性を踏まえたさらなる対応が必要であるとされており，2017 年 8 月より，新たな医師の働き方を踏まえた医師に対する時間外労働規制の具体的な在り方や，医師の勤務環境改善策などに関し，厚生労働省「医師の働き方改革に関する検討会」が検討を開始している[30)]．

また，「⑤病気の治療と仕事の両立」については，がんと診断された後，無職になった割合が 29% と多いことや，最近では子供 100 万人のうち，4.7% が体外受精によって出生している現状から，不妊治療と仕事との両立に関する問題も生じていることなどが課題として挙げられている．病気の治療と仕事の両立に関する諸問題の解決のためには，まずは会社の意識改革と受入れ体制の整備が必要であるとしている．

今後は，治療と仕事の両立に向けて，主治医，会社・産業医と，患者に寄り添う両立支援コーディネーターのトライアングル型のサポート体制を構築することとしている．治療と仕事の両立支援に当たっては産業医の役割がますます重要になるとしており，労働者の健康確保のための産業医・産業保健機能が強化されていく予定である．

資本主義経済の下，人間のあらゆる生活を支えるためには労働は必要不可欠である．働き方の問題は，世界共通の課題であり，今後の検討の中で，欧米や他の諸国の働き方や社会のあり方も参考にしながら，本格的な人に優しい社会づくりが進むことが期待される．

Ⅶ
パブリック・ヘルスとグローバル・ヘルス・ビジネス

前章では，今後のグローバル・ヘルスにおいては，心と体の相関関係がますます重要視される中，心身に働きかけ，リラックスや癒し効果が見られるがまだ十分にエビデンス（科学的根拠や証拠）が構築されていないニュービジネスの今後の発展の可能性について論じた．しかしながら，もう1つ検討しておかなければならない点がある．それはパブリック・ヘルス（公衆衛生）との関係である．21世紀のグローバル化の激しい流れの中では，地球規模でこれまでは十分に経済的発展を遂げていなかった国や地域が急速に成長を遂げている．それに伴い衛生環境の整備も伴わなければならないという点である．その一役を担うのがグローバル・ヘルス・ビジネスである．

パブリック・ヘルスは，集団を対象とし，社会全体の健康向上を目標とする実践的な学問である．具体的には，予防のための衛生教育（保健）や環境改善，生活水準を保障する社会福祉や社会システム，健康教育の推進等を展開する実践学であり，18世紀から19世紀のヨーロッパで本格的に発展してきた[1]．

第二次大戦後直後の日本人の死因は結核であり，感染症が死因の1位を占めていた．また世界の歴史を概観しても，14世紀に発生したヨーロッパにおけるペストの大流行により多数の死者を出しており，感染症の怖さは人間にとっての脅威であり続けている．ペストは，まずノミがペスト菌を持つネズミの血を吸い，今度はノミが人間の血を吸うのであるが，その刺し口から菌が侵入してペストに感染，発症し，実に多くの人々が命を落とした．今後経済発展とともに，地球レベルでの衛生環境も整っていくことと思われるが，アフリカや南米，東南アジア諸国においては，未だ十分に環境が整っていない国や地域も少なくない．世界には現在約 200 の国家・地域が存在するが，気候，風土，政治，経済，文化等が異なっており，人々の生活様式も多岐に渡っている．保健医療水準も衛生環境を含む生活環境も実に様々であり，先進国と開発途上国とでは大きく異なっているのが現状である．

近年，エボラ出血熱の感染拡大によりパンデミック（世界的流行）となったことは記憶に新しい．グローバル・ヘルス・ビジネスは，これらの国々や地域の人々を取り巻く衛生環境の向上に貢献することが今後さらに期待され，重要となってくると思われる．国家間レベルでライフラインや病院建設などを含めた諸環境の整備のための援助なども，もちろん今後も進められていくことと思われるが，人々の身近な日常生活における清潔性の保持も大変重要になってくる．具体的には，日常生活において使用する衛生用品などである．

本章では，パブリック・ヘルスの重要性の理解や感染症の現状を把握した上で，業界動向ならびに，衛生用品などの日用品に関して，日本企業も含め，リーディング・カンパニーとして世界シェアを占める企業分析を試みながら，今後グローバル・ヘルス・ビジネスに貢献可能な分野や新たなビジネスの視点について検討することとする．

1. パブリック・ヘルスの重要性

パブリック・ヘルス（公衆衛生）という言葉の定義については，アメリカのウィンスロー（C. E. A. Winslow：1877〜1957 年）による定義が最も有名であるが，1920 年に以下のように定義され，わが国では神馬征峰博士らによって訳されている[2)].

「公衆衛生とはサイエンスでありアートである．いずれも，組織化されたコミュニティの努力によって，疾病を予防し，寿命をのばし，健康づくりと諸活動の能率を高めるためのものである．なお，組織化されたコミュニティの努力の対象となるのは，以下の 5 つの活動領域である．第 1 に環境衛生（トイレの使用など）の改善．第 2 にコミュニティにおける感染症のコントロール．第 3 に衛生の諸原則に基づいた人々の教育．第 4 に疾病の早期診断と予防的治療のための医療と看護サービスの組織化．そして最後に，コミュニティに住む 1 人ひとりが健康でありつづけられるように適切な生活水準を保障できる社会制度の開発である．」

つまり，パブリック・ヘルスとは，組織化された地域社会の努力を通じて，疾病を予防し，寿命を延伸し，身体的および精神的健康と増進を図る科学であり，技術であるとしている．したがって，パブリック・ヘルスは，生活，行政，社会情勢と密接につながっており，グローバル・ヘルス・ビジネスによってもたらされる影響も大きいと言える．

感染症対策

近年まで，克服されたかにみえていた感染症は，ヒト・モノの移動，開発などによる環境の変化，社会活動様式の変容，保健医療サービスの高度化等により問題となってきた．特にグローバル化に伴い，パブリック・ヘルスの1つの重要な問題となっている．1970年以降，エボラ出血熱やウェストナイル熱など少なくとも30以上のこれまで知られていなかった感染症（新興感染症）が出現し，また近い将来克服されると考えられてきた結核，マラリア等の感染症（再興感染症）が再び脅威を与えている状況となってきた．

わが国においては，これらの新興・再興感染症の出現や医学・医療の進歩，衛生水準の向上，人権尊重の要請，国際交流の活発化等の近年の状況の変化を踏まえ，感染症対策の抜本的見直しを図るため，1999年に「感染症の予防及び感染症の患者に対する医療に関する法律（感染症法）」が施行されている[3)]．感染症の各種類と類型については，表Ⅶ-1に示す通りとなっている．

聞き及んだことの多い感染症もあることと思われる．今後，グローバル化のさらなる進展により，これまで未開拓であった土地等などに人々が足を踏み入れるようになることで，さらに種類が増えることが予測される．残念ながら歴史を見てもわかる通り，感染症が猛威を振るうことにより，多くの命が失われることにもなりかねない．衛生環境の整備や生活上の清潔性の保持，予防対策の徹底は，大変重要となってくる．また，1類感染症の流行地を見てみると，以下の通りとなっており，アフリカが多く，その他東南アジアやインド，中南米等となっている[4)]．これらの地域や国々は，今後経済発展が見込まれ，期待されており，グローバル化における激しい市場となる場所である．ヘルスビジネスの繁栄は，これらの感染症への対処としても今後ますます重要になることと思われる．

表VII-1　感染症の種類（感染症法に基づく分類）

感染症類型	感染症名等	性格
1類感染症	エボラ出血熱，クリミア・コンゴ出血熱，痘そう，南米出血熱，ペスト，マールブルグ病，ラッサ熱	感染力，罹患した場合の重篤性等に基づく総合的な観点からみた危険性が極めて高い感染症
2類感染症	急性灰白髄炎，結核，ジフテリア，重症急性呼吸器症候群（SARS），鳥インフルエンザ（H5N1），鳥インフルエンザ（H7N9），中東呼吸器症候群（MERS）	感染力，罹患した場合の重篤性等に基づく総合的な観点からみた危険性が高い感染症
3類感染症	コレラ，細菌性赤痢，腸管出血性大腸菌感染症，腸チフス，パラチフス	感染力，罹患した場合の重篤性等に基づく総合的な観点からみた危険性は高くないが，特定の職業への就業によって感染症の集団発生を起こし得る感染症
4類感染症	E型肝炎，A型肝炎，黄熱，Q熱，狂犬病，炭疽，鳥インフルエンザ（鳥インフルエンザ（H5N1，H7N9）を除く），ボツリヌス症，マラリア，野兎病，ジカウィルス感染症，その他の感染症（政令で規定）	動物，飲食物等の物件を介して人に感染し，国民の健康に影響を与えるおそれのある感染症（人から人への伝染はない）
5類感染症	インフルエンザ（鳥インフルエンザおよび新型インフルエンザ等感染症を除く），ウイルス性肝炎（E型肝炎およびA型肝炎を除く），クリプトスポリジウム症，後天性免疫不全症候群，性器クラミジア感染症，梅毒，麻しん，メチシリン耐性黄色ブドウ球菌感染症，その他の感染症（省令で規定）	国が感染症発生動向調査を行い，その結果等に基づいて必要な情報を一般国民や医療関係者に提供・公開していくことによって，発生・拡大を防止すべき感染症
新型インフルエンザ等感染症	新型インフルエンザ	新たに人から人に伝染する能力を有することになったウイルスを病原体とするインフルエンザ

	再興型インフルエンザ	かつて，世界的規模で流行したインフルエンザであって，その後流行することなく長期間が経過しているものが再興したもの 　両型ともに，全国的かつ急速なまん延により国民の生命・健康に重大な影響を与えるおそれがあると認められるもの
指定感染症	政令で1年間に限定して指定される感染症	既知の感染症の中で上記1～3類，新型インフルエンザ等感染症に準じた対応の必要が生じた感染症
新感染症	［当初］ 都道府県知事が厚生労働大臣の技術的指導・助言を経て個別に応急対応する感染症 ［要件指定後］ 政令で症状等の要件指定をした後に1類感染症と同様の扱いをする感染症	人から人に伝染すると認められる疾病であって，既知の感染症と症状等が明らかに異なり，その伝染力，罹患した場合の重篤度から判断した危険性が極めて高い感染症

出典：厚生労働統計協会『国民衛生の動向』Vol. 63, No. 9, 2016 より．

【1類感染症の流行地】

・ラッサ熱：西アフリカ・中央アフリカ地域

・エボラ出血熱：アフリカ中央地域（スーダン，コンゴ民主共和国，ガボン），西アフリカ（コートジボワール，ギニア，リベリア，シエラレオネ）

・マールブルグ熱：アフリカ中東部・南部地域

・クリミア・コンゴ出血熱：アフリカ中央・南部地域，中近東，旧ソ連，東欧，中央アジア地域

・ペスト：東南アジア，中央アフリカ，南米

・痘そう：インド

・南米出血熱：中南米

2. 日用品・トイレタリー業界

日経による業界分析では，日用品・トイレタリー市場は世界で拡大しており，ビューティー，パーソナルケア，ホームケア，ティッシュ・ハイジーン分野の2018年の市場見通しは各分野とも拡大し，3分野合計では1兆円を超える見通しであると分析している．また，各国の経済成長に伴い生活習慣が高度化し，新興国を中心に市場が拡大していると分析し，ヘアケア関連製品の使用率が高まったり，衣料用洗剤の分野が粉末から単価の高い液体に移行したり，紙おむつが普及したりといった需要の増加が押し上げ要因となっているとしている．さらに，グローバルに展開する企業や日本の日用品メーカーの業績拡大の要因となったり，底を支えたりしているのがアジア地域であるとしている[5)]．

世界最大手の米国プロクター・アンド・ギャンブル（P＆G）の2017年6月期の地域別売上高の17％は中国・台湾・香港などの中華圏とアジア・パシフィック地域であり，P＆G社は，2017年4月にはシンガポールにおいて今後5年で1億ドルの投資をし，アジアパシフィック事業向けに，サプライチェーン・マネジメント（SCM：Supply chain management）やeコマース（EC：電子商取引）などの開発を行う予定としている．今後新たな分野として注目されているのは，イスラム教の戒律に対応した「ハラル」市場であるとしており，マレーシアやインドネシアなどのイスラム教徒が多い市場では，米国ジョンソン・エンド・ジョンソン（J＆J）のボディーソープやユニリーバの歯磨き粉に人気がある．ユニリーバは2017年9月にヒジャブ（スカーフ）を日常的に着用するイスラム教徒の女性を対象にしたボディー用保湿剤をインドネシアで発売した．東南アジアでは経済成長に伴い，日用品市場が拡大しており，今後は東南アジアが各社にとって重要な市場の1つとなると予測されている[6].

また，わが国における洗剤や歯ブラシ，芳香剤から紙おむつ，生理用品などのトイレタリー等日用品の動向については，化粧品と共通する課題として，アジア市場の開拓に重要であると分析されている．特にトイレタリーについては，おむつなどでブランド力が向上しており，今後定着できるかどうかが焦点になるとされている[7]．また，日本製のおむつには，両端がテープ型とパンツ型があるが，付加価値の高いパンツ型の比率が中国などを中心に上昇傾向にあるとしている．

中国における紙おむつ市場を巡っては，ユニ・チャームと花王が世界シェアの上位に食い込んでおり，共にシェアを伸ばしている．特に花王は，ベビー用おむつ「メリーズ」が売り上げを拡大しており，2017年1月～6月期は，国内や中国で紙おむつの販売が伸び，ヒューマンヘルスケア事業の営業利益が前年同期比45.7％の増加であり，2017年12月期は，全体の営業利益2000億円を見込んでいる[8].

今後はアジアとその周辺における経済成長に伴う，衛生用品を含む日用品市場開拓が，各社におけるグローバル成長の鍵を握るようである．宗教や文化の異なる他国における市場開拓には，商品開発はもとより，その国や地域に住む人々の生活様式や，文化，価値観などに関する理解や研究は不可欠と思われる．アメリカやヨーロッパ各国に比べ，日本は地理的にアジアに近い点からすると大変有利であるはずであるので，今後は各社の挑戦が期待される．

3. 日本石鹸洗剤工業会（JSDA）

日常生活における清潔性の保持には，手洗いや全身用のハンドソープやボディーソープ，衣服などの洗濯洗剤，食器洗い洗剤などは，大変重要な役割を果たしていることは明らかである．いわゆる石鹸に関する安全性や基準は大変重要となってくる．わが国においては，石鹸や洗剤などのメーカーと，それらの原料となる油脂製品のメーカーで構成される業界団体（生産者団体）として，日本石鹸洗剤工業会がこれまで活動を展開してきている[9)]．

日本石鹸洗剤工業会は，脂肪酸，グリセリン，硬化油等油脂製品，各種石鹸，洗剤，シャンプー，リンス等のトイレタリー商品の主要生産者で構成されてり，油脂化学工業，石鹸・洗剤工業ならびに関連品工業等の健全な発展に資するため，必要な事項について業界の公正な意見をとりまとめ，協調の実をあげることを活動の目的としている．扱う製品は，広く一般家庭でも事業場でも，毎日の暮らしや生活に欠かすことのできないものであり，国民生活の清潔で健康的な生活向上に寄与していくとしている．

日本石鹸洗剤工業会の歴史は古く，業界団体として硬化油共販組合が 1926 年に設立されたことに始まる．その後，戦後になり，自由経済時代を迎え，油脂工業会連合会が新たに設立され，さらに日本経済の高度成長，技術革新に伴って，工業会の組織は強化拡充され，1950 年 9 月に今日の体制の基礎が確立され，幾度かの改組を経て，今日の日本石鹸洗剤工業会（JSDA-Japan Soap and Detergent Association）となった．

日本石鹸洗剤工業会では，消費者保護を目的として，同工業会が取り扱う家庭用消費者製品の品質や適切な使用法に係わる情報開示のあり方について検討した上で，自主基準を制定している[10)]．業務用途に供される製品を除く以下の各家庭用製品について定義および基準が定められている．日本製品の安全性の向上を目指し，このような業界による取組がなされている．

【家庭用製品の定義および基準】

・洗濯用洗剤（洗濯用粉末洗剤，洗濯用液体洗剤，洗濯用洗剤（固形その他））

界面活性剤又は界面活性剤及び洗浄補助剤その他の添加剤から成り，その主たる洗浄作用が界面活性剤の界面活性作用によるものであって，洗濯用に供されるものをいう．

・台所用洗剤（手洗い用合成洗剤，食器洗い機用合成洗剤，台所用その他の洗剤）

界面活性剤又は界面活性剤及び洗浄補助剤その他の添加剤から成り，その主たる洗浄作用が界面活性剤の界面活性作用によるものであって，住宅用又は家具用に供されるものをいう．

・住宅・家具用，その他用洗剤（住宅・家具用合成洗剤，その他用洗剤）

界面活性剤又は界面活性剤及び洗浄補助剤その他の添加剤から成り，その主たる洗浄作用が界面活性剤の活性活用作用によるものであって，台所用に供されるものをいう．

・漂白剤（衣料用，台所用，その他用）

主たる成分が酸化剤又は還元剤から成り，衣料品等の黄ばみ，しみ等を分解し，又は変化させて白くする化学作用を有するものをいう．

・柔軟仕上げ剤（液体・その他）（家庭用品品質表示法　対象品目以外）

界面活性剤及びその他の添加剤からなり，衣料の柔軟仕上げ用に供されるものをいう．

・洗濯用仕上げ剤・その他（糊剤，その他の仕上げ材）（家庭用品品質表示法　対象品目以外）

ポリマー及びその他の添加剤から成り，衣料の賦形用又は撥水仕上げ用等に供されるものをいう．

・酸・アルカリ洗浄剤

酸，アルカリ又は酸化剤及び洗浄補助剤その他の添加剤から成り，その主たる洗浄の作用が酸，アルカリ又は酸化剤の化学作用によるものをいう．

・クレンザー（液体・粉末）

研磨剤及び界面活性剤その他の添加剤から成り，主として研磨の用に供されるもの（つや出しの用に供されるものを除く）をいう．

4. 日用品・衛生用品に関するリーディング・カンパニー分析

以下，具体的な日用品・衛生用品に関するリーディング・カンパニーについて分析を加えてみたい．

1）プロクター&ギャンブル

日用品メーカーにおける世界最大手企業であるプロクター&ギャンブル社（P & G）は，世界180か国で製品を提供している．地球上の国家の数は現在約200であることからすると，実に約9割のシェアということになり，まさに世界に誇るグローバル・ヘルス・カンパニーである[11]．設立は1837年，ろうそく製造業のウィリアム・プロクターと，石鹸製造業のジェームズ・ギャンブルが，共同で事業を興した．共通の原料である界面化学，紙おむつなどの基礎となる高分子化学，香りを研究する香粧品科学など，新たな研究分野が新製品を生み，そしてその新製品に関連する次の科学分野へと，様々に結合しながら，イノベーション（革新）の基盤が大きく広がり，今日のような世界に誇る企業となっている．

本社は，アメリカオハイオ州シンシナティにあり，総従業員数は約95000人，事業拠点は約70か国にある．総売上高は2015年707億ドル，2016年653億ドル，2017年651億ドルとなっている．営業利益は，2015年110億ドル，2016年134億ドル，2017年140億ドルである．研究開発に大変熱心で，1924年，アメリカで業界に先駆けて「市場調査部」を設置した．顧客の好みや買い物時の行動について，体系的に研究を開始した．世界中の顧客が満足する価値ある製品を提供するため，グローバル規模で研究開発ネットワークを構築し，世界に14か所研究拠点を持ち，6700人の研究開発員が働いており，うち，約

900人が博士号を持つ専門家集団となっている．このような大規模かつグローバルな研究開発体制によって，それぞれの研究分野，製品分野において深い知識と業界をリードする研究成果を上げる一方で，製品として最終的に市場展開する際には，それぞれの国や地域にあわせてきめ細かな製品展開を行っている．文化や気候，生活習慣によって大きく異なる顧客のニーズを取り入れ，その市場にあったイノベーションを行っている[12]．

主な取扱製品は以下の通りとなっている．

・ファブリックケア：洗濯用洗剤，柔軟剤，その他洗濯関連製品
・ホームケア：台所用洗剤，エアケア製品，住宅用洗剤・掃除用品，ホームケア関連業務用製品
・ベビーケア：乳幼児用紙おむつ，おしりふき
・フェミニンケア：生理用品，失禁ケア製品
・ファミリーケア：ペーパータオル，ティッシュペーパー，トイレットペーパー
・グルーミングケア：男性用・女性用かみそり・替刃，シェービング剤，電気シェーバー・脱毛器
・オーラルケア：歯ブラシ，歯磨き粉，その他オーラルケア製品
・パーソナルヘルスケア：胃腸薬，呼吸器薬，診断薬，ビタミン・ミネラル・サプリメント，その他パーソナルヘルスケア製品
・ヘアケア：シャンプー，コンディショナー，スタイリング剤，トリートメント
・スキン＆パーソナルケア：スキンケア，制汗・デオドラント剤，パーソナルクレンジング製品

また，具体的製品としては，衣料用洗剤（アリエール，ボールド），柔軟剤（レノア），台所用洗剤（ジョイ），エアケア製品（ファブリーズ），乳児用紙おむつ（パンパース），生理用品（ウィスパー），ヘアケア製品（パンテーン，h＆s，ヴィダルサスーン），化粧品（SK-II），

男性用シェーバー・電気シェーバー（ジレット，ブラウン）などであり，どの商品も私達の大変身近なものばかりである．日本人の生活も豊かにしている商品が多数あることに気づく．「パンパース」は育児事情を大きく変え，「ウィスパー」はナプキン革命と言われ，「ファブリーズ」は布製品の消臭スプレーという，それまでなかった製品の登場により，洗えない布製品を“消臭する”という新しい生活習慣を生み出すなど，次々と私達の生活をより便利に，より快適に，より衛生的に変化させるイノベーションを次々と行ってきている．

日本での事業展開は，1973 年にプロクター・アンド・ギャンブル・サンホーム株式会社として営業を開始し，2006 年に神戸にプロクター・アンド・ギャンブル・ジャパン株式会社としてさらに発展を遂げてきており，40 年以上の実績があり，世界の日用品事情を牽引していく役割を果たしている．

2）花王

わが国における日用品業界トップの花王について分析してみたい．2006 年にカネボウ化粧品を買収し，化粧品にも注力しており，拡大を続ける成長企業である．売上高は，2015 年 1 兆 4746 億円，2016 年 1 兆 4576 億円，2017 年 12 月予想が 1 兆 4700 億円であり，営業利益は，2015 年 1673 億円，2016 年 1856 億円，2017 年予想が 2000 億円となっている．4 事業部門に分かれており，売上高比率は 2016 年 12 月期で，コンシューマープロダクツ事業が 3 事業（①ビューティケア事業が 41.3%，②ファブリック＆ホームケア事業が 23.7%，③ヒューマンヘルスケア事業が 18.7%），そして④ケミカル事業が 16.3% の内訳となっている[13]．

日用品における国内の第 2 位は前述したＰ＆Ｇで，第 3 位がユニ・チャームとなっており，花王はグローバル・カンパニーに対し，国内の市場を牽引している日本企業と言える．本章で論じている日用衛生品に関しては，「ファブリック＆ホームケア事業」と「ヒューマンヘルスケア事業」が関連している．2020 年に向け「ファブリック＆ホームケア事業」では，「清潔」を軸に，健康と清潔の境界である衛生領域に着目して，常に消費者視点で付加価値の高い新たなソリューションを提案し，ブランド商品を一層強化し，マーケットリーダーとして，日本市場を活性化していくとしている．また，アジアの生活に密着し，海外事業の成長を加速していくことも目標に掲げられており，アジアでは地域や国ごとに，生活水準はもちろん，洗濯環境（服装・水質・洗い方）が異なり，住居環境も異なることに注目し，「消費者視点」と「現場主義」で徹底したローカライゼーションを進めていくとしている[14)]．

また，「ヒューマンヘルスケア事業」においては，2020 年に向けて，人が本来持つ健康力を高め，世界の人々がいつまでも健康に動ける身体づくりに貢献するため，今後も老若男女の心身の健康をサポートする高付加価値商品とソリューションを提供し続けながら，利益ある成長を目指すとしている．特にヘルスケアならではのエビデンスに基づいた高付加価値商品で，各国における学会や大学との協働取り組みを進めながら，よりローカルに密着して，エリアイノベーションにより商品提案を進めることによりグローバル拡大の加速を図ることとしている[15)]．

花王の創業は大変古く，1887 年，洋小間物商長瀬富郎商店として発足した．1890 年には「花王石鹸」を発売，1925 年に花王石鹸株式会社長瀬商会が設立される．1949 年には花王石鹸株式会社と改称し，東京証券取引所の市場第一部に上場した．グローバル展開も大変早くから行われており，1964 年にはタイに Kao Industrial（Thailand）Co. Ltd. を設立した．その後も次々と海外展開を積極的に進めており，まさにグローバル企業と言える．花王の国際展開の流れの概観は以下のようになっている[16)]．

1964年 9月　タイにKao Industrial（Thailand）Co. Ltd. を設立．
1964年 12月　台湾にKao（Taiwan）Corporationを設立．
1965年 7月　シンガポールにKao（Singapore）Private Limited（現Kao Singapore private Limited）を設立．
1970年 3月　香港に花王（香港）有限公司を設立．
1970年 11月　スペインにSinor-Kao S. A. を設立．
1975年 3月　メキシコにQuimi-Kao S. A. de C. V. を設立．
1977年 1月　フィリピンにPilipinas Kao. Inc. を設立．
1979年 5月　スペインにMolins-Kao S. A. を設立．
1985年 2月　インドネシアのP. T. Dino Indonesia Industrial Ltd.（現PT Kao Indonesia）に資本参加．
1986年 5月　カナダのDidak Manufacturing Limitedを買収し，情報関連事業に本格的に進出．
1986年 10月　ドイツにGuhl Ikebana GmbHを設立．
1987年 7月　アメリカのHigh Point Chemical Corporationを買収．
1987年 8月　Sinor-Kao S. A. とMolins-Kao S. A. を合併し，スペインにKao Corporation S. A. を設立．
1988年 4月　シンガポールにKAO（Southeast Asia）Pre. Ltd.（現Kao Singapore Private Limited）を設立．
1988年 5月　アメリカのThe Andrew Jergens Company（現Kao USA Inc.）を買収．
1988年 7月　マレーシアにFatty Chemical（Malaysia）Sdn. Bhd. を設立．
1989年 5月　ドイツのGoldwell AG（現Kao Germany GmbH）を買収．
1992年 10月　ドイツのChemische Fabrik Chem-Y GmbH（現Kao Chemicals GmbH）を買収．
1993年 8月　中国に上海花王有限公司を設立．
1999年 8月　スペインに欧州工業用製品事業の統括会社としてKao Chemi-

cals Europe, S. L. を設立.

1999年12月　アメリカに米州工業用製品事業の統括会社としてKao Chemicals Americans Corporationを設立し，それに伴いHigh Point Chemical Corporationを清算.

2002年 3月　ドイツのGold GmbH（現Kao Germany GmbH）を通じて，KMSリサーチ社（KMS Research, Inc. 他）を買収.

2002年 6月　中国事業の持ち株会社として花王（中国）投資有限公司を設立.

2002年 9月　アメリカのThe Andrew Jergens Company（現Kao USA Inc.）を通じて，ジョン・フリーダ社（John Frieda Professional Hair Care, Inc. 他）を買収.

2003年 3月　中国に花王（上海）産品服務有限公司を設立.

2005年 7月　英国のKao Prestige Limited（2015年11月清算結了）を通じて，モルトン・ブラウン社（Molton Brown Limited他）を買収.

2009年 7月　ドイツのKao Corporation GmbH（現Kao Manufacturing Germany GmbH）を通じて，ライカルト社（Reichardt International AG）の工場（生産設備等）を取得.

2011年 4月　中国に花王（合肥）有限公司を設立.

2012年 4月　中国に花王（上海）化工有限公M＆司を設立.

実に毎年のように，海外の様々な国々においてグローバルな展開を図ってきており，リーディング・グローバル・ヘルス・カンパニーと言える.

具体的にグローバルに展開する製品としては,「アジエンス」は日本，香港，台湾，マレーシア，シンガポール.「アタック」は日本，中国，香港，台湾，ベトナム，タイ，マレーシア，シンガポール，インドネシア，オーストラリア，ロシア.「Ban（バン）」は，カナダ，アメリカ.「ビオレ」は日本，中国，香港，台湾，ベトナム，タイ，マレーシア，シンガポール，インドネシア，オーストラリア，カナダ，アメリカ，フィンランド，ノルウェー，スウェーデン，デンマーク，ドイツ，オランダ，イギリス，フランス，オーストリア.「ブローネ」は，日本，香港.「キュレル」は，日本，中国，香港，台湾，タイ，マレーシア，シンガポール，カナダ，アメリカ.「エッセンシャル」は，日本，香港，台湾，タイ，シンガポール.「ハイター」は，日本，香港，台湾，タイ，マレーシア，シンガポール.「ロリエ」は，日本，中国，香港，台湾，ベトナム，タイ，マレーシア，シンガポール，インドネシア.「リーゼ」は，日本，香港，台湾，タイ，マレーシア，シンガポール.「マジックリン」は，日本，香港，台湾，タイ，マレーシア，シンガポール.「メンズビオレ」は，日本，中国，香港，台湾，ベトナム，タイ，マレーシア，シンガポール，インドネシア.「ソフィーナ」は，日本，中国，香港，台湾，などとなっており，アジア諸国を中心にそれぞれの国に合った商品を展開している.「花王」は今後も世界を視野に発展していくことと思われる.

おわりに

今後求められるグローバル化とヘルス・ビジネスの関係

最後に，今後ますますグローバル化が進む中で，ヘルス・ビジネスが発展していくためのアウトラインについて検討してみたい．

図終-1は，今後求められるグローバル化とヘルス・ビジネスの関係について著者が整理してみたものである．昨今の私達の生活を見てみると，インターネットの普及などにより，世界中の情報が瞬時に目の前に飛び込んでくる，情報を手に入れることが当たり前の時代となった．つまり，“ジョウホウ”のグローバル化はすでにかなり進歩しており，達成していると言える．次に“モノ”のグローバル化であるが，こちらについても，昨今凄まじい勢いで世界中の様々な“モノ”が“ジョウホウ”の進化を活用して，入手できるグローバルシステムがまだ一部の国々ではあるが可能となってきた．地球全体として考えると今しばらくはかかると思われるが，食べモノからその他様々なモノが地球上を移動する巨大なシステムが構築されつつある．

さて，いよいよ“ヒト”の移動が地球規模で本格的となってきた．インバウンドやアウトバウンドが各国の経済発展のカギを握るようになってきており，インターナショナル・ツーリズムが，今後の各国の経済発展を支えるようになる見通しとなってきた．QOL（質の高い人生）を送るために，働くことだけが人生のすべてではなく，余暇や家族との時間，転地効果を最大限活用して移動し，別な場所，別な国や地域に滞在し，治療や手術までも実施する時代となってきた．どこの国の何語を話す何人，というのではなく，今この瞬間に同じ場所で自然の素晴らしさや美しさ，楽しさを共有する“ヒト”の移動によるグローバル化が今後一層進むことが予測される．

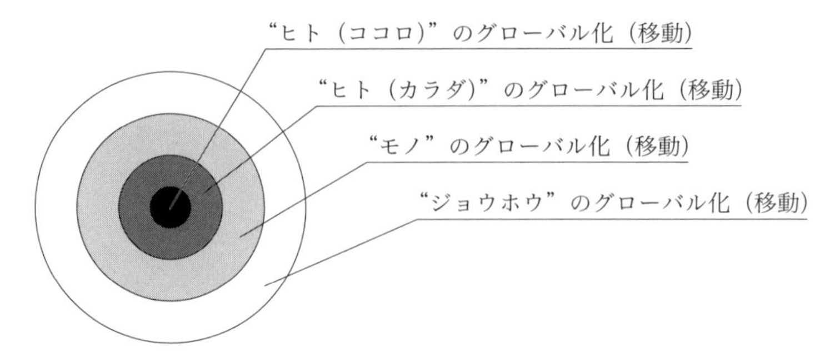

図終-1　今後求められるグローバル化とヘルス・ビジネスの関係
出典：著者作成.

さらに，今後は，第VI章で論じたように，身体のみではなく，“ココロ”が癒され，リラックスでき，心身の諸機能がリセット，復活するようなビジネスがますます充実してくることにより，ヘルス・ツーリズムのエビデンス（科学的根拠・証拠）が構築されていくことと思われる．グローバル・ヘルス・ツーリズムの今後の発展のカギを握るのは，“ヒト（ココロ）”のグローバル化の進展と思われるし，そのようなビジネスがより発展することは人々の幸福感をもたらし，平和な国際社会が実現できるのではないだろうか．

また，第VII章で論じたように，今後のグローバル・ヘルス・ビジネスの役割と期待には，個々人の健康のさらなる増進を目指すことと同時に，多数の人々の生活衛生環境の向上を目指すこともより重要となってくると思われる．パブリック・ヘルスとの関係においてすでに述べたが，感染症などに関しては，多くの人々の生活様式や清潔性の保持などもより重要な要素となっていく．一部の個人が健康的な生活を送ることのみに集中していては，グローバル・ヘルスは達成できない．世界中の人々の生活様式や清潔管理に貢献可能なビジネスは今後ますます大切なものとなろう．

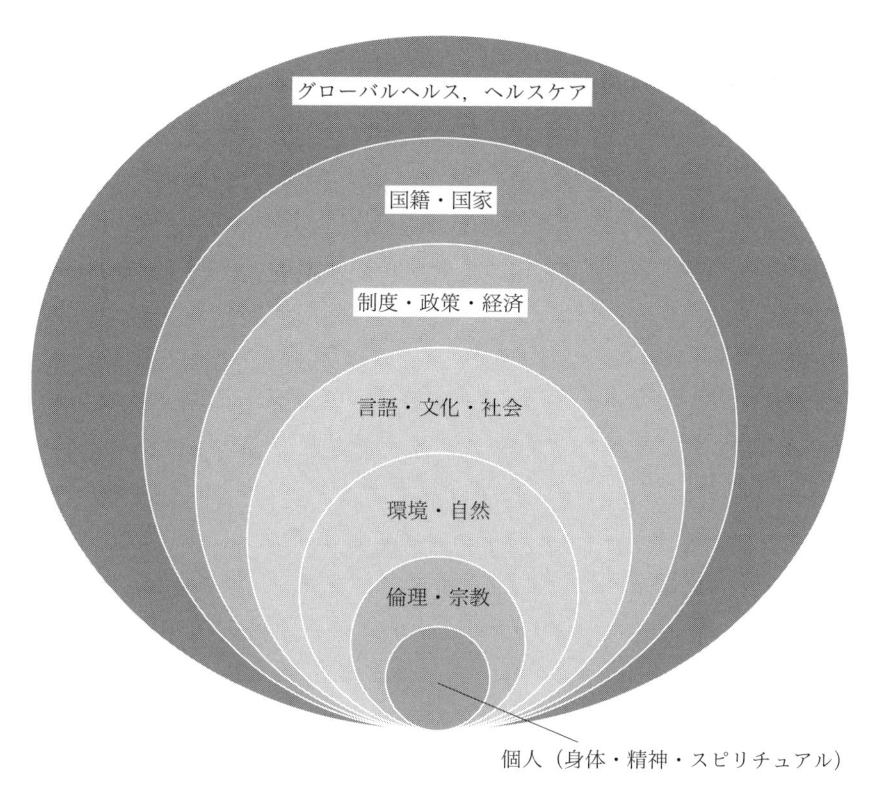

図終-2　グローバルヘルス，ヘルスケアを考える際の枠組み
出典：一戸真子編著『国際看護』学研より一部変更して抜粋し，著者作成.

図終-2はグローバル・ヘルス，ヘルスケアを考える際の枠組みについて示したものである．スピリチュアルな面も含めた個人の健康には，倫理観や宗教が強く影響し，また生活環境や自然との関わりも無視できない．さらに，言語や文化，社会との関係も個々人の健康行動に関わっている．そしてこれらの各要因の重なり合いのパターンは様々であり，できるだけ標準的かつより多くの人々に共通・該当する制度や政策，そして経済システムが存在している．さらに，その上には国籍や国家があり，それぞれのヘルスやヘルスケアのアウトカム

(結果) が異なっているのがこれまでであったと思われる．しかしながら，今後は国籍や国家の枠を取り外し，ヘルス，ヘルスケアのアウトカムも，多くのグローバル・カンパニーによるビジネスの活躍や浸透により，グローバルなスタンダードが確立され，より平均的でかつ標準的に近づいてくるのではないだろうか．21 世紀は活発なグローバル・ヘルス・ビジネス市場により，世界中の人々がより健康になれる時代の到来となるであろう．

引用文献

Ⅰ．ヘルスに関連する日本の政策の動向

1) 内閣府「日本経済 2016-2017――好循環の拡大に向けた展望――」2017. 1
2) 経済産業省　産業構造審議会「新産業構造ビジョン　一人ひとりの，世界の課題を解決する日本の未来」2017. 5
3) 会社四季報　業界地図 2018 年版，東洋経済新報社，2017. 9，12-13 頁
4) 人工知能学会　http://www.ai-gakkai.or.jp（2017. 5. 1）
5) かながわ福祉サービス振興会，介護ロボット普及推進事業　http://www.kaigo-robot-kanahuku.jp（2018. 1. 1）
6) 内閣府「ロボット新戦略」2015. 1
7) 首相官邸　https://www.kantei.go.jp（2017. 11. 1）
8) 農林水産省　食料産業局「6 次産業化をめぐる情勢について」2017. 10
9) 上掲
10) 農林水産省　食料産業局 「農林漁業の 6 次産業化の展開」2017. 10
11) 上掲
12) 農林水産省　食料産業局輸出促進課　http://www.maff.go.jp（2017. 11. 1）
13) 農林水産省 「農林水産業の輸出力強化戦略」2016. 5
14) 上掲
15) 農林水産省　https://www.maff.go.jp（2017. 11. 1）
16) 環境省　生物多様性　http://www.biodic.go.jp/biodiversity/（2017. 5. 1）
17) 外務省　生物多様性条約　http://www.mofa.go.jp/mofaj/gaiko/kankyo/jyoyaku/bio.html（2017. 6. 7）
18) 国連生物多様性の 10 年日本委員会　https://undb.jp/action（2017. 5. 22）

Ⅱ．ヘルスケア・ビジネス分析――医療機器業界を中心に

1) 会社四季報　業界地図 2018 年版，東洋経済新報社，2017. 9，83 頁
2) 日本経済新聞社編　業界地図 2017 年版　日本経済新聞出版社，2016. 8，166-167 頁
3) 厚生労働省医政局　平成 27 年　薬事工業生産動態統計年報の概要　2015
4) 厚生労働統計協会「国民衛生の動向」Vo. 63，No. 9，2016，270-285 頁
5) 薬事衛生六法　2016，薬事日報社，21-22 頁
6) 今村知明他監修，医療情報科学研究所編，「公衆衛生が見える　2016-2017

第 2 版」，メディックメディア，2016. 4，82-85 頁
7）厚生労働省「医療産業ビジョン 2013――次元の違う取組で，優れた医療機器を迅速に世界の人々に届ける」2013. 6
8）嶋森好子，任和子編「医療安全とリスクマネジメント」ヌーヴェル・ヒロカワ，2017. 4，190-195 頁
9）上掲，197-202 頁
10）日本貿易振興機構（ジェトロ：JETRO）http://www.jetro.go.jp（2017. 11. 1）
11）一戸真子編「国際看護――言葉・文化を超えた看護の本質を体現する」学研，2016. 11，19-22 頁
12）厚生労働省　外国人臨床修練制度の概要と見直しについて
13）厚生労働省医政局長　医政初 0901 第 13 号　国家戦略特別区域法における外国医師等が行う臨床修練等に係る医師法第 17 条等の特例等に関する法律の特例の施行について（通知）2015. 9
14）経済産業省「新興国における医療機器のメンテナンス体制強化に関する研究会　報告書」2017. 3
15）経済産業省「海外における日本医療拠点の構築に向けた研究会　報告書」2017. 3
16）Medtronic　http://www.medtronic.com/us-en/about/facts-state.html（2017. 11. 5）
17）Harvard Business Review, Medtronic, "Value-Based Health Care Forum" 2017 Event Summary
18）日本メドトロニック　http://www.medtronic.com/jp-ja/about/busness-overview.html（2017. 11. 5）
19）オリンパスグループ企業情報　https://www.olympus.co.jp（2017. 11. 1）
20）オリンパス会社案内　2017

Ⅲ．ヘルス・ビジネス分析――フード業界を中心に

1）消費者庁　平成 29 年版「消費者白書」2017，202 頁
2）上掲，205 頁
3）清水忠彦，多等拓代編，「わかりやすい公衆衛生学」第 4 版，ヌーベル・ヒロカワ，2017. 1，84-86 頁
4）消費者庁　平成 29 年版「消費者白書」2017，38 頁
5）国民生活センター　https://ccj.kokusen.go.jp（2018. 1. 5）
6）厚生労働省　ハサップ（HACCP）　http://www.mhlw.go.jp/stf/seisakunitsuite/bunya/kenkou-iryou/shokuhin/haccp（2017. 11. 1）
7）上掲
8）GAP 普及推進機構　https://www.ggap.jp（2017. 11. 1）

9）加工食品の原料原産地表示制度に関する検討会「加工食品の原料原産地表示制度に関する検討会中間とりまとめ」，2016. 11
10）農林水産省　地理的表示（GI）保護制度　http://www.maff.go.jp/j/shokusan/gi act/（2017. 11. 1）
11）日経 Value Research　健康・機能性食品　https://valuesearch.nikkei.co.jp/industry（2017. 11. 1）
12）会社四季報　業界地図　東洋経済新報社，2017. 7，158-159 頁
13）日経 Value Research 加工食品　https://valuesearch.nikkei.co.jp/webtemp/industryHtml/B0190.html（2017. 11. 1）
14）食品表示検定協会編著　食品表示検定認定テキスト　ダイヤモンド社，2017. 4
15）U. S Department of Health and Human Services, U. S Food & Drug Administration　https://www.fda.gov/forConsumrs/ConsumerUpdates/ucm050803.htm（2017. 11. 10）
16）日本サプリメント協会　サプリメント健康事典　集英社，2015. 12，181-183 頁
17）厚生労働省医薬食品局食品安全部「健康食品の正しい利用法」2013. 3
18）農林水産業ホームページ　http://awww.maff.go.jp/j/zikyu-ritu/011.html（2017. 11. 1）
19）上掲
20）厚生労働省・農林水産省「福祉分野に農作業を――支援制度などのご案内」，「農」と福祉の連携 Ver. 4，2015. 3
21）農林水産省ホームページ　http;// www.maff.go.jp/j/nousin/kouryu/koure.html（2017. 11. 1）
22）農林水産省ホームページ　http://www.maff.go.jp/j/keikaku/syokubunka/ich（2017. 11. 1）

Ⅳ. ヘルスケア・サービスの質保証

1）全日本病院協会　みんなの医療ガイド　https://www.ajha.or.jp/guide/11.html（2017. 11. 5）
2）医療関連サービス振興会　https://ikss.net/business/standard.html（2017. 11. 1）
3）医療関連サービス振興会　院内清掃業務に関する基準
4）卒後臨床研修評価機構　http://www.jce-pct.jp（2018. 1. 5）
5）卒後臨床研修評価機構　自己調査評価票　October 2016
6）日本専門医機構　http://www.japan-senmon-i.jp/aboutus/history.html（2017. 11. 1）

7) 日本専門医機構　専門医制度新整備指針（第二版）2017. 6
8) 奈良信雄 「JACME 発足の経緯と展望」JACME Newsletter No. 1, 2017. 8, 1-3 頁
9) WFME/AMSE International Task Force, "WFME Global Standards for Quality Improvement in Medical Education European Specifications", 2007.
10) 日本医学教育評価機構　https://www.jacme.or.jp（2018. 1. 5）
11) 日本医学教育評価機構　医学教育分野別評価基準日本版　Ver. 2.2, 2017. 6
12) 日本医療教育財団　外国人患者受入れ医療機関認証制度　http://jmip.or.jp（2017. 11. 1）
13) 厚生労働省　医療の国際展開　http://www.whlw.go.jp（2017. 12. 1）
14) 日本医療教育財団　外国人患者受入れ医療機関認証制度　評価項目（自己評価票）Ver. 2.0, 2016
15) Joint Commission International　https://www.jointcommissioninternational.org/about-jci-accredited-organizations（2017. 11. 5）
16) Joint Commission International Accreditation Standards for Hospitals－Including Standards for Academic Medical Center Hospitals, 6th Edition 2017. 7
17) International Hospital federation　https://www.ihf-fih.org（2018. 1. 5）
18) 日本病院会　http://www.hospital.or.jp/ihf/（2017. 11. 5）
19) International Hospital Federation "leadership Competencies for Health-care Services Managers" 2015

V. ヘルス・ツーリズム――"モノ"の移動から"ヒト"の移動へ

1) World Tourism Organization　http://www.unwto.org/index.php（2017. 11. 5）
2) UNWTO アジア太平洋センター　http://www.unwto-ap.org（2017. 11. 5）
3) World Tourism Organization, UNWTO-About UNWTO, 2017, July
4) UNWTO Tourism Highlights 2017 Edition
5) 日本政府観光局（JNTO）　http://www.jinto.go.jp（2017. 11. 5）
6) 日本政府観光局　インバウンド戦略部　調査・コンサルティンググループ, 訪日外客数 10 月　2017. 11
7) 日本政府観光局　訪日旅行データハンドブック――世界 20 市場, 2017, 19, 48 頁
8) 上掲　10, 40 頁
9) 観光庁　http://www.mlit.go.jp（2017. 11. 5）
10) 笹川スポーツ財団「スポーツ白書　2017」2017. 3, 226-259 頁
11) 文部科学省「平成 28 年度文部科学白書」2017

12)　スポーツツーリズム推進連絡会議「スポーツツーリズム推進基本方針」2011. 6, 39-44 頁
13)　上掲, 7-14 頁
14)　一般社団法人　日本スポーツツーリズム推進機構　http://sporttourism.or.jp/sporttourism.html（2017. 11. 5）
15)　UNITED NATIONS Office on Sport for Development and Peace　https://www.un.org/sport/content/about-unosdp/united-nations-office-sport-development-and-peace（2017. 11. 5）
16)　UNOSDP Annual Report 2014
17)　スポーツ庁　http://www.mext.go.jp/sports/b menu/sports（2017. 11. 5）
18)　原田宗彦・木村和彦編著「スポーツ・ヘルスツーリズム」大修館書店 2009. 12, 249-270 頁
19)　経済産業省　次世代ヘルスケア産業協議会「生涯現役社会の構築に向けたアクションプラン 2016」2016. 4
20)　日本規格協会　http://www.active-leisure.jp（2017. 11. 5）
21)　日本整形外科学会　https://www.joa.or.jp/public/locomo（2017. 11. 5）
22)　Medical Excellence JAPAN　http://www.medical-excellence-japan.org/jp/medical/index.html（2017. 11. 5）
23)　Japan Hospitals Search for International Patients　http://www.japanhospitalssearch.prg（2017. 11. 5）
24)　一般社団法人　メディカルツーリズム協会　http://www.medical-touism.or.jp（2017. 11. 5）
25)　ジョセフ・ウッドマン著, 斎尾武郎監訳,「メディカルツーリズム――国境を超える患者たち」, 医薬経済社　2008, 31-230 頁
26)　Joseph Woodman, "Patients Beyond Borders - Everybody's Guide to Affordable, World-Class Medical Travel, Third Edition, Healthy Travel Media, 2015

Ⅵ. グローバル・ヘルス・ニュービジネス――Area of poor evidence-based Health Care

1)　池谷裕二監修, 脳と心のしくみ, 新星出版社, 2016. 2, 106-107 頁
2)　C. Norman Shealy, The Illustrated Encyclopedia of Healing Remedis, 2002, Harper Collins Publishers, pp. 8-13
3)　内閣府, 平成 29 年版　高齢社会白書, 2017, 1-12 頁
4)　国際オーソモレキュラー医学会　https://isom-japan.org（2017. 11. 10）
5)　International Society for Orthomolecular Medicine　https://www.isom.ca（2017. 11. 10）

6) アレクシー・カレル著，川隅恒生訳，ルルドへの旅，中公文書，2015
7) World Health Organization, Guidelines for Drinking－Water Quality, Fourth Edition, 2011
8) 農林水産省　食品流通局長通達，ミネラルウォーター類（容器入り飲料水）の品質表示ガイドライン，1995
9) 日本ミネラルウォーター協会　http://minekyo.net/publics/index/6/（2017. 11. 10）
10) 藤田紘一郎監修，「ミネラルウォーターの処方箋」，日東書院，2007
11) 環境省　温泉の保護と利用　温泉に関するデータ　https://www.env.go.jp/nature/onsen/data（2018. 1. 5）
12) 日本温泉協会　https://www.spa.or.jp（2017. 11. 10）
13) 温泉ソムリエ協会　http://onsen-s.com（2017. 11. 10）
14) John K. Walton eds., "Mineral Springs Resorts in Global perspective-Spa Histories", Routledge, 2014
15) 日本統合医療学会　http://imj.or.jp（2018. 2. 1）
16) National Center for Complementary and Integrative Health（NCCIH）https://nccih.gov（2018. 2. 1）
17) 厚生労働省『「統合医療」のあり方に関する検討会　これまでの議論の整理』2013
18) Kezheng Liang etc., "The Chinese Medicine Bible", Sterling Publishing Co. 2010
19) 日野原重明・井村裕夫監修，「看護のための最新医学講座　第33巻　Alternative Medicine」，中山書店，2002，134-154頁
20) バリー・R・キャシレス著，浅田仁子，長谷川淳史訳，「代替医療ガイドブック」，春秋社，2000，352-357頁
21) 日野原重明・井村裕夫監修，「看護のための最新医学講座　第33巻　Alternative Medicine」，中山書店，2002，155-171頁
22) W. B. キャノン著，舘鄰・舘澄江訳，「からだの知恵――この不思議なはたらき」講談社，2012
23) 内閣府　仕事と生活の調和の実現に向けて　http://www.cao.go.jp（2017. 11. 10）
24) 貝原益軒，伊藤友信訳，「養生訓」，講談社，2013
25) Kelly McGonigal, "The Upside of Stress", Penguin Random House, 2016.
26) 日本マインドフルネス学会　http://mindfulness.jo.net（2017. 11. 5）
27) ケン・ヴェルニ著，中野信子監訳，「図解マインドフルネス」，医道の日本社，2016. 9，1-44頁
28) 首相官邸，「働き方改革の実現」　http:///www.kantei.go.jp/jp/headline/

ichiokusoukatsuyaku/hatarakikata.html（2017. 11. 10）
29）働き方改革実現会議,「働き方改革実行計画」, 2017. 3
30）厚生労働省「医師の働き方改革に関する検討会」 http://www.mhlw.go.jp/stf/shingi/other-isei.html（2018. 2. 1）

Ⅶ. パブリック・ヘルスとグローバル・ヘルス・ビジネス

1）今村知明他編著,「公衆衛生が見える」, メディックメディア, 2016. 4, 2-9頁
2）神馬征峰編著,「公衆衛生——健康支援と社会保障制度②」, 医学書院 2017. 3, 14-16頁
3）厚生労働統計協会,「国民衛生の動向」, Vol. 63, No. 9, 2016. 8, 139-152頁
4）上掲 145頁
5）日経 Value Search 業界解説レポート（グローバル）, 日用品・トイレタリー https://valueseaech.nikkei.co.jp/webtemp/industryHtml/B0260.html（2017. 11. 10）
6）日経 Value Search 業界解説レポート（グローバル）, 衛生用品 https://valueseaech.nikkei.co.jp/webtemp/industry/summary（2017. 11. 10）
7）会社四季報 「業界地図 2018年度版」, 東洋経済新報社, 2017, 174-175頁
8）日本経済新聞編「日経業界地図」, 2017年度版, 日本経済新聞社, 2016, 180-181頁
9）日本石鹸洗剤工業会 http://jsda.org/w/00jsda/1about1b.html（2017. 11. 10）
10）日本石鹸洗剤工業会, 家庭用消費者製品における成分情報開示に関する自主基準, 2011. 5
11）プロクター・アンド・ギャンブル・ジャパン株式会社 http://jp.pg.com（2017. 11. 30）
12）Procter & Gamble http://us.pg.com/（2017. 11. 30）
13）花王 http://www.kao.com/jp/corporate/about/global（2017. 11. 30）
14）花王株式会社, 花王総合レポート 2017
15）上掲
16）日経 Value Search 業界解説レポート（グローバル）, 花王 https://valueseaech.nikkei.co.jp/webtemp/industry/summary（2017. 11. 10）

あとがき

人間の素晴らしい探求心と挑戦が人類をここまで進歩させてきたことは間違いないだろう．これまで多くの神秘と謎に包まれてきた宇宙の解明も次第に進んできており，私達がかつては想像もできなかった新しい発見が続いている．人体も小宇宙と言われるほどに複雑で神秘的な存在である．人間を扱う医学についても研究の成果が次々と人間の寿命を延ばしてきた．第二次世界大戦後の頃のわが国の平均寿命が50歳代前半であったことを考えると，実に約30年も平均寿命が延びていることになる．このことはまぎれもなく，様々な分野の先人達の熱心な研究や努力の成果であり，心から感謝すべきである．長生きするということは，その分長い時間生きられることを勝ち取ったということになる．ハッピーこの上ないはずであるが，残念ながら，現実の社会で生き抜くうえでは，なかなかそうはなっていない場合も少なくないようである．

高度経済成長を支えてきた世代が高齢者になった今，社会的な弱者となり，医療費を多く使っている存在として，時には問題視さえされている．確かに多くの高齢者は，スピード社会に乗れず，加齢によって視野が狭くなったり，思考が偏ってきたりと，人間関係も難しくなっていくことが多いが，現在の日本がこのように世界において一定のポジションを確保していられるのは，現在の高齢者の多くが，日本を支えるために必死に働き，勉強し，守ってきたからであることを私達は忘れてはならない．しかしながら，昨今では独居老人の増加や老々介護の実態，介護殺人など，悲しい現実も浮き彫りになってきている．インターネットがますます普及し，AIをはじめとする種々のテクノロジーがどんどん人間の生活を豊かで快適にしてくれることは喜ばしいことであるが，人間の幸福には，つきつめると，何が最も重要であるのか，人間が生きぬくためにはどのようなことが最もコアになるのかについては，グローバル化が本格化してきたからこそ，今一度再考すべきではないだろうか．

グローバル・ヘルス・ビジネスの発展が，少しでもこれらの諸問題の解決につながればと思い整理してみたが，著者の力量不足で十分に読者の皆さんにお伝えできないことをお許しいただきたい．また，ヘルス・ビジネスに今後求められる視点はたくさんあり，また問題点も多いため，本書では一部しか議論し，まとめることができなかった．ヘルスに関連するビジネスは今後ますます世界中で盛んに議論され，発展していくことと思われる．どの年齢のどの境遇のどの場所にいる人間も健康になりたいと願っているはずであるし，今現在も病気に苦しんでいる人々は地球上に大勢いる．本書で紹介した視点や提案が少しでも今後のグローバス・ヘルス・ビジネスの発展に微力ながらでも役立てば幸いである．

本書の出版に際しては，実に多くの方々のご支援をいただいた．この場を借りて厚く御礼申し上げたい．特に，このような出版の機会を与えてくださった，峯岸進埼玉学園大学学長に心より御礼申し上げたい．また箕輪徳二経済経営学部長，相澤幸悦経済経営学科長をはじめ教員の皆様より多くのご指導を賜った．あらためて感謝申し上げたい．

また，本書の企画段階から出版に至るすべてのプロセスにおいて，日本経済評論社柿﨑均社長には大変お世話になった．根気強く見守って下さらなかったら，本書は世に出ていないことと思われる．また，埼玉学園大学情報メディアセンター関矢久美子さんからは出版までのプロセスにおいて色々とご助言をいただいた．

最後に，どんな時も弱い私を信じ，時には励まし，温かく見守ってくれた親愛なる家族に心から愛と感謝を捧げる.

著者紹介

一戸　真子（いちのへ・しんこ）

埼玉学園大学大学院経営学研究科

ヘルスケアサービス・マネジメント教授

東京大学大学院医学系研究科博士課程修了，博士（保健学）

上武大学看護学部教授，同大学教育研究センター長などを経て現職

専門　医療・健康管理学，医療・健康経営学

【主な著書】

『ヘルスケアサービスの質とマネジメント』（単著，社会評論社，2012 年）
『国際看護』（編者，学研，2016 年）
『保健・医療・福祉の総合化』（共著，光生館，1997 年）
『福祉国家の医療改革』（共著，東信堂，2003 年）
『教養としての生命倫理』（共著，丸善出版，2016 年）
『看護学概説』（共著，NHK 出版，2016 年）
『健康と社会』（共著，NHK 出版，2017 年）
『新・生き方としての健康科学』（共著，有信堂，2017 年）

埼玉学園大学研究叢書第 16 巻

グローバル・ヘルス・ビジネス

世界標準で健康を考える

2018 年 2 月 14 日　第 1 刷発行　　　定価（本体 2500 円＋税）

著　者　一　戸　真　子

発行者　柿　﨑　均

発行所　株式会社　日本経済評論社

〒101-0062　東京都千代田区神田駿河台 1-7-7

電話　03-5577-7286　FAX　03-5577-2803

URL：http://www.nikkeihyo.co.jp

印刷＊文昇堂／製本＊根本製本

乱丁・落丁本はお取替えいたします．　Printed in Japan

ISBN978-4-8188-2491-1